你不知道的

明清寡婦故事

貞節只是個傳說

劉佳
周晶晶——著

好評推薦

「貞節牌坊」是中國婦女的奧斯卡金像獎，如同每個女演員獲獎的心路歷程都不同，婦女守貞的背後，也有著千奇百怪的理由，有的為名、有人為利，甚至有可能是為了掩飾兩女同居，多元成家的事實？！想搞清楚守貞是怎麼一回事，這本書是你的最佳選擇！

——李勁樺，臺北市立大直高級中學教師

作者以通俗易讀的文筆呈現明代節婦的各類形貌，描繪出明代庶民社會的多元圖像，有助於後人突破對於節婦生活的刻板印象，並了解歷史本身的複雜性，而最終協助讀者去探究人性、道德與社會規範在一個時代裡的互動關係。

——杜可瑜，臺北市立大直高級中學教師

如何讓歷史教學變得有趣？後學從事歷史教學多年的經驗，深感現有的歷史教科書離學生的精神世界愈來愈遠，教科書僅是將艱澀的文獻轉為當代語言，歷史事件離現在學生的生活經驗太遠，難以與現代視野與價值對話，皆讓中學生難以親近「歷史」，讓歷史始終成為背科，而不是有趣的知識。《貞潔只是個傳說——你不知道的明清寡婦故事》轉譯歷史文獻為現代視角，讓讀者得以親近歷史場景，輕鬆詼諧的口吻抹除時代的隔閡，適合中學生，也適合大眾閱讀及提升歷史興趣的讀物。

——陳一隆，國立臺中第一高級中學教師

本書追溯中國漢族遠古傳說中的性別觀，並探究《女誡》等的「製作背景」，將明清時代的貞節觀進行脈絡化詮釋。本書也從社會經濟的實用觀點，以現今通俗的網路用語，讓讀者同理認知「高大上」的貞節故事。這不僅是一本雅俗皆能覽閱「史普書」，也是另類的性別平等教材。

——楊惠如，臺北市立景美女子高級中學教師

推薦序

翻閱文獻記載，不難發現男性還沒有佔據世界主導地位之前，有不少女性履神跡、感神應而懷孕的故事，而願意把自己祖上的出身與此相聯繫的往往就是後世的帝王將相。不過，這些帝王將相的附會，現在看來，完全是一廂情願。因為這些女性不婚而孕，實際上是上古群婚制的反映。上古人類只知其母不知其父，自然難以道出父親是誰，因此就給了後世可利用的空間，有了後世的種種附會。

不過，女性的自由，並沒有世代延續。自從男性佔據這個世界的主導權之後，女性至高無上的輝煌與榮光就一去不復返了，當然婚姻的自由也隨之而逝。周武王伐紂時說：「牝雞無晨，牝雞之晨，惟家之索」，直截了當宣佈了女子社會政治家庭權力的覆滅。漢武帝則更殘忍，為斷絕子少母壯，年輕的母親可能干政的後患，乾脆把漢昭帝母親殺了，為北魏殺母立子立下效仿的榜樣。於是中國歷史就給人形成了女性備受壓迫的印象，似乎一部中國史就是一部男人壓迫女性的歷史。劉佳此書突破了此種觀念的局限，以明清寡婦為例，立足文獻，以通俗的方式，對明清時期女性的生存狀態和中國人的貞節觀念進行了全面反思。

在劉佳此書中，明清寡婦形形色色。有賢順守節的、有同性婚戀的、有追求性解放的、有追求婚姻自由的，而當時社會對這些女性的評判，劉佳也一一道出。但不難看出，明清時期雖然對女性的禁錮並沒有消退，繩之她們的依然是正統的三從四德，但她們的潑辣大膽也是突出的。這也是明清這個特定時期賦予她們的特殊生存狀態。

明清兩代經歷了我國封建社會的集權高峰，感受了資本主義萌芽的曇花一現，見證了我國封建統治由漢族到少數民族異代的震盪，走過了強盛與衰落，品嘗了歷史走向近代化的艱難歷程，以及西學的搖撼；有帝王將相的功德與聲色，也有市井小民的風情與愉悅；有勝利者的驕矜，也有英雄的末路；有盛世的高歌，也有衰世的無奈與振作。其間，其思想、學術與文化，既宏大磅礴，又深微細膩；既波瀾壯觀，又平穩沉著，與政治張力有如伴侶，相隨左右。的確，明清在中國歷史上是一個轉型時期。明中後期繁盛的商業，以及立地則可成聖的學風世風，使大河上下四海之內充滿著濃厚的市民風氣，情趣多樣的生活，致使產生如《金瓶梅》之類各色獵奇獵豔書籍。在這樣的時代下，女性自然各式各樣。

不過，還有一個主題是劉佳書中道及的——那就是明清時期雖然是男性的天下，看來是男人在佔據社會生活的主導地位，然而身為女人，她們完全可以自豪地說，這只不過是形式吧！因為男人一生都離不開女人的調教。女人得以調教男人是與女人一生中兩個重要的角色——母親和妻子的角色分不開的。劉佳書中其實就是在談對母親和妻子的角色，寡婦們是如何扮演的。

是母親孕育了男兒的生命，是母親哺育了男兒們。母親從男兒們第一聲啼哭起，就承擔了給男兒們上第一課的職責。她們望子成龍，在男兒們身上寄予了大小不等的期望，也實施了各自的塑造方法。男性則以他們的社會歸屬與認同來回報母親，而且大有如其所言「誰言寸草心，報得三春暉」的回報不夠之唏噓之態。女媧補天，無私為她地球兒女們奉獻母愛的傳說，似乎就給了我們某種暗示：母愛是偉大的，偉大的母愛足以令每個人征服種種困苦。確然！締造了中國思想根基的孔子、孟子二人，沒有他們的母親就沒有他們的萬世基業。朱德痛悼母逝，高度頌揚母親所賜予給他的優秀品德，那是他視艱難險阻若等閒的財富……。

哪一個男兒沒有母親，從他們呱呱墜地到鬢髮蒼蒼，母親的慈愛總在眼前，那是男兒們的精神之源。

但是，男兒們光有母愛是不夠的。於是在他們青春年少之際，在一個個妙齡少女中擇定了佳偶，妻子也就來到了男兒們身邊盡為婦之德。

不同的妻子有不同的相夫之法，有「嫁雞隨雞，嫁狗隨狗」，安守本分的；有夫唱婦隨，樂於家庭生活的。不過，倘若這些妻子所遇不菲，則有幫兇之嫌，或被淩壓之苦。反之，則有「賢內助」之譽。這類妻子基本不干預男人們的事，管家是她們的本分，省去了男人們天生不喜歡的煩瑣，是男人們生活的必須品。但，男人們的前程就只好靠自己掌舵了。至於望夫成龍的妻子們，喜歡在男人們面前指指點點。如果分寸掌握得當，則理所當然位「賢內助」之列。但如果過火，則往往擔著「悍婦」惡名。當然，她們的男人們表現也各別。有覺著傷了男子氣概，拂袖而去的；有為著一口氣，發憤圖強，終合妻意的。受益於妻子的指教的男人們不在少數。最著名的恐怕非美國總統林肯莫屬，由於妻子的牢騷林肯先生完成了從木匠到到總統的蛻變。可見，妻的指點並非壞事。不過，壞女人的指點是一定會壞事的。男兒們可得當心，千萬別碰上這些壞女人！事業上得到女人指教的男人會比單槍匹馬優秀許多，呂后之於劉邦、虞姬之於項羽，一覽便知。那麼，女人做「賢內助」還是「悍婦」？我看，得由具體情境來定。需要時，二者合一，也未嘗不可。

男人是長不大的孩子，總是需要不時進行這或那的調教。有時，男人的兩個調教者——母親和妻子，還會為調教男人，意見相左而失和，弄得男兒們左右為難。

這世界該屬於誰呢？

當然，這可以說又是另一話題。茲當別論。

總之，劉佳此書，對明清時期女性中的寡婦眾生相作了自己的闡釋與認知，並注意到象牙塔與下里巴人的關係，以淺顯易懂，帶以時下流行的網路等術語，進行了解析，以餉大眾。這是值得肯定的。而我們做學術的，往往忽略學術的普及工作，致使學術走不到大眾中去。這難免固步自封，自我欣賞之嫌。當然，書中不足也是可見的，在此不一一而列。

作為他的業師，贈一小序，以資勉勵！

中國首都師範大學教授
陳曉華
書於首都師範大學北一區文科樓

壹

神品還是人品

——貞節的由來

遠古傳說中，愛人都從天上掉下來

在距今五千多年前，古老的北方大地上，有一條寬闊的大河，被稱為泗水河。泗水灌溉華北平原，它流到今天魯西南一帶，在今天的泰山南麓賀莊水庫一帶形成廣闊的濕地被稱為雷澤，周圍土壤肥沃。這塊土地上，生活著一個偉大的部落，古稱華胥國。這是個天堂一樣的國家，《列子》中記載：「國無帥長，自然而已。其民無嗜欲，自然而已。不知樂生，不知惡死，故無夭殤；不知親己，不知疏物，故無愛憎；不知背逆，不知向順故無利害；都無所愛惜，都無所畏忌，入水不溺，入火不熱。斫撻無傷痛，指無癢。乘空如履實，寢虛若處頭，雲霧不其視，雷霆不亂其聽，美惡不滑其心，山谷不躓其步，神行而已。」這個國家沒有官吏，人民不受病痛折磨，驚雷不會吵到人們的耳朵，崎嶇的山路上狂奔也不會跌倒。這裡的人心情舒暢，不受美醜好惡的困擾，沒有樂生怕死的擔憂。然而就是這樣一個極樂的國度，有一天突然傳出一件大新聞：部落中美麗的女首領華胥氏懷孕了。華胥氏是華胥部落當之無愧的美女，她身材修長，長髮及腰。容貌端麗。體態婀娜，那雙大大的眼睛尤其讓人心神往之。是多少男人的夢中情人。但是她竟然懷孕了！於是人們議論紛紛，這個孩子是誰的？

族叔風偌也很焦慮，他很清楚華胥氏懷孕意味著什麼。華胥國逐水草而居，長期以來，華胥氏一直帶領大家，如今她懷孕了，生父卻是一個謎。「可能是部落中的某位勇士」，「也可能是其他部落的酋長」。大家議論紛紛，風偌也弱弱地走到華胥氏身邊，悄悄地問：「孩子的父親是誰？」華胥氏睜開眼睛，把自己的故事娓娓道來：「那天我們走到雷澤的邊上，我看到這裡的風景太美了，走著走著。發現湖邊有一排巨大的腳印，我很好奇，就將腳伸進去踩了一下。然後就感到肚子一震，懷上了這個孩子。」大家頓時議論開來，巨大的腳印是誰留下的？一些見多識廣的老人恍然大悟說到：「雷澤是雷神的家，大腳印一定是雷神的腳印。」

人間美女懷了神的孩子的新聞最終傳到了雷神的耳朵裡。雷神原本脾氣很壞，經常掀起驚濤駭浪危害百姓，但是聽說自己在人間有了妻子，還生了孩子，頓時無邊怒濤化作輕風細雨。百姓終於可以安居樂業了。正應了那句話「神逢喜事精神爽」。雷神娶了華胥氏回家，抱得美人歸，而華胥氏嫁給雷神晉身為「神仙眷屬」，能吃點特級供品還不用還房貸自然也高興。但是人都是思鄉的，「神仙日子」過久了，華胥氏也很想念親人。於是把兒子放在葫蘆上順水而下，讓他乘葫蘆回華胥國，他的姥姥看見他乘葫蘆而來，因此給這個外孫取名伏羲，按華胥國方言，伏羲與葫蘆諧音。交給伏羲姨母高妣與覵干子夫妻撫養，伏羲從小和表妹女媧在一起生活，伏羲長大後，看見蜘蛛織網發明了網，在水裡可以捕魚，在林中可以捕鳥。因發明熟食，庖廚捨飼，烹飪牲犧，人們稱他為包羲，意為他是最好的廚師。伏羲想念母親，就上天庭看望母親華胥。天帝聽了雷神的稟告，封伏羲為華胥國國君，人間之王。也就是五氏之一，三皇之首。

華胥氏的傳說讓今天的人看來匪夷所思，一個女人懷孕了，卻不知道懷的是誰的孩子。最終把孩子父親的名分記在雷神的頭上。這種情況在五千多年前的遠古時代卻是真實存在的。那時的女人懷孕了，大多都和華胥氏一樣，不知道孩子的生父是誰。人類文明之始，婚姻制度並不嚴格，或者說還沒有形成制度。那時的婚姻學名叫做「群婚制」，俗稱為「野合」。華胥氏的部落是一個母系氏族，家族親緣關係以女性的血脈為紐帶，女性享有很高的地位，家族成員的構成多以女性血統為依據，在這種情況下，「野合」式的婚姻就出現了一個問題，以當時的生育知識，生母無疑是明確的，但生父是誰卻無法知道。所以華胥氏懷孕了，也只能認雷神為孩子的父親。這種窘狀深深刻在古人的記憶中。例如：《呂氏春秋・恃君覽》：「昔太古嘗無君矣，其民聚生群處，知母不知父，無親戚兄弟夫妻男女之別，無上下長幼之道。」

再如《白虎通義・號》記載：「古之時，未有三綱六紀，民人但知其母，不知其父。」《商君書》中也有記載：「天地設而生民之，當此之時也，民知其母，而不知其父」。這些記載，無疑是遠古時代的一種歷史記憶。誰是親爹變成了一個迷。於是大家就展開想像，各種關於父親的傳說數不勝數，飛禽走獸，神仙魔怪都被拿來作為古人想像中的父祖，當然這種想像也不是憑空的，其中大多被當作祖先崇拜的飛禽走獸往往是古代部落的原始圖騰，例如簡狄氏的故事。

與華胥氏一樣，簡狄的故事也非常浪漫。簡狄氏是有娀氏（在今山西永濟西）的美女，長的傾國傾城，並且聰明過人。帝嚳高辛氏路遇上她，一下子就被她的美貌傾倒，於是「簡狄侍帝嚳於臺上，有飛燕墜遺其卵，喜而吞之，因生契也。」[1] 帝嚳和簡狄氏一見鍾情，直接在臺上盡雲雨之歡。這時正好天上有神鳥飛過，一枚鳥蛋落到簡狄的嘴裡，於是簡狄就生下了商人的祖先契。「天命玄鳥，降而生商」的傳說就是這麼來的，不過簡狄和帝嚳在露臺上「野戰」，肯定沒功夫去吞吃天上掉下的鳥蛋，只是對簡狄這樣的美女而言，拜倒在其裙下的君子肯定不止帝嚳一個，孩子是誰的自然說不清，於是也就算到了「神鳥」的頭上，至於後人為了男人的面子，硬將簡狄說成是帝嚳的妃子，那就是後人的附會了。商族的祖先為華夏分支東夷人，東夷人的祖先為少昊氏。以鳥為圖騰的少昊族是由幾個胞族組成的部落。其中第一胞族中的五個氏族，分別以鳳鳥、玄鳥、伯趙（勞）、青鳥、丹鳥為圖騰，其中玄鳥為商族人的圖騰，所以商人就將自己的祖先想像成「玄鳥」。既然要造神，當然要造的更澈底一點，簡狄分娩的過程就更加離奇，一般人生小孩要麼是順產，要麼剖宮產，但簡狄生小孩的過程是破胸而出，這種分娩方式，恐怕是幾千年也出不了第二個。

簡狄氏、華胥氏面臨的問題是古代女性共同面臨的問題，性行為的隨意與開放，導致婚姻關係的鬆散無序，孩子只知其母不知其父。古往今來男人的縱欲是一如既往的，但女人毫無貞節意識，在今天的人看來卻無法想像。為什麼簡狄氏、華胥氏們如此「不守婦道」，這就要談談中國人貞節觀的起源。

貞節是什麼？這個問題在今天的人看來似乎不是問題，也許有人會大聲回答，就是女人純潔的身體，也許有人會大聲回答，就是性禁忌中最嚴格的底線。但是在遙遠的古代，貞與潔曾經是兩個完全不同的概念。「貞」是一個占卜用語，而經歷了多次變化後，這個占卜用語最終與女人的身體掛上了鉤。哪個女人違反了它，就是「不貞」，就是巨大的道德汙點。哪個女人恪守了它，就是列女，便成為男人心中的「女神」。

婚姻是人類社會中最基本的組織形式。在中華民族的歷史天空中，婚姻猶如朵朵白雲點綴其中。它時而星羅棋佈，時而陰霾布空，形態各異，變化無窮。在最初的歲月裡，中國人的婚姻關係不嚴格、不穩定，猶如江南三、四月份的天氣，剛剛還晴空萬裡男歡女愛，不一會兒便夫反妻煩淫雨霏霏。今天的人誤以為中國古代對女人的貞節存在著偏執的「癖好」。但事實上，在中國人的婚姻發展史中，「貞節」其實並非一直那麼神聖，甚至最初，「貞節」與婚姻，與女人的身體沒有絲毫關係。「貞」的觀念曾經是一種占卜話語，而「節」則是男人與女人都要承擔的道德責任。「貞節」合在一起，完全變成束服女人的枷索是近幾百年的事。所以華胥氏，簡狄氏自由享受自己的愛情生活時，並沒有違反什麼貞節。相反，簡狄氏和華胥氏們往往是當時的女巫或部落首領，她們掌握著與神溝通的權力，「誰官大誰就掌握真理」，「貞」是她們的權力之一，什麼是「貞」由她們說了算，所以她們不可能失「貞」。

人類文明之始，各地區各民族，群婚的表現形式有所不同，但群婚是一種普遍存在的歷史現象。群婚給人們帶來在困擾還遠不是只知生母不知生父這麼簡單，野合與亂倫造成的問題，中國人也逐漸有所認識，私有制逐漸強化後，財產的流轉與繼承漸成問題，而近親結婚的種種惡果也日益顯露，「同姓為婚，其生不藩」，同一個姓氏的男女結婚，生出來的小孩品質普遍比較低。這就是中國古人對近親結婚的惡果長期觀察後的經驗總結。

亂倫成為了中國人早期婚姻必須克服的一大難題。於是，中國人開始對群婚進行改良，結婚開始變得有規矩。

愛情和性成為不可分割的伴侶

堯老了，想將自己的皇位傳給舜。為了考驗舜的才華人品，堯設計了很多困難與誘惑，舜用他的機智贏得了堯的信任，而堯則將自己的兩個女兒娥皇、女英嫁給了舜。舜的婚姻在今天看來，無疑是讓人羨慕的，娶到了國王的兩個女兒，一人身擁兩個妻子。這就是偶婚制的典型特徵。

群婚的問題多多，於是人們開始對這種結婚習俗進行改良，偶婚制開始出現在中國人的視野中。

偶婚制是一種縮小範圍的群婚制，它可能是一夫多妻，如舜一樣，也可能是一妻多夫。意識到無序婚姻很麻煩，人們開始對婚姻行為設制一些限制。在長期的群婚雜處中，人們發現近親結婚問題極多，也就是「同姓為婚，其生不藩」。於是人們在選擇異性時，將目光從氏族內轉移到氏族外，從而產生了血緣的限制；婚姻習俗的改變，引發了對婚姻本身的改革。大範圍自由的群婚開始過渡到小範圍自由的偶婚制。偶婚制有兩種形式，一種是一妻多夫，一種是一夫多妻，而這其中還有一個過渡階段。一群姐妹是一群丈夫的共同妻子，這些共同的丈夫互相稱為「夥伴」，在德語裡「夥伴」音譯為「普那路亞」，這就是普那路亞婚。經過「普那路亞婚」的過渡，偶婚制最終形成，由於偶婚制大大縮小了婚配範圍，使得辨明生父變成可能。

《爾雅・釋親》有言：「女子同出，謂先生為姒，後生為娣。」這生動地反應了同嫁一夫的姐妹們的關係。而娥皇就是姒，女英就是娣。

又有云：「長婦謂稚婦為娣婦，稚婦謂長婦為姒婦。」這是同胞兄弟的妻子間相互稱呼。

偶婚制的時代，愛情與性成為婚姻中天然的伴侶。在性與婚姻高度自由的時代，愛情故事美麗而又動人。有愛的人可以自由的在一起，無緣的配偶也可以自由的分開，各自尋找自己的另一半。

在周代，鄭國曾經有一位美女，漂亮而又驕傲。面對被迷住而熾烈求愛的男孩，女孩子高傲地說：「子惠思我，褰裳涉溱；子不思我，豈無他人。」[2] 你要喜歡我，我們就在一起，你不喜歡我，我就去找別人。

和鄭國的美女一樣，帥哥才子也同樣受到女孩的喜愛。在四千多年前，一個帥氣的小夥子騎在駿馬上，他走在野外。周圍都是蔓草，草葉上掛著清澈的露珠。突然從草叢中走來一位美女。她是那麼清麗，婉如清揚，身材如天仙一般婀娜多姿，眼睛閃著多情的秋波。他們四目相對，愛的火花讓他們無法自制，立即墜入愛河，在蔓草中完成了兩人的愛情生活。這段完美的愛情故事被保留在《詩經》的詩篇中，「野有蔓草，零露漙兮。有美一人，清揚婉兮。邂逅相遇，適我願兮。野有蔓草，零露瀼瀼。有美一人，婉如清揚。邂逅相遇，與子偕臧」，野地裡有草蔓延，露水珠顆顆滾圓。有一個漂亮人兒，水汪汪一雙大眼。歡樂地碰在一塊，可真是合我心願。野地裡有草蔓長，露水珠肥肥胖胖。有一個漂亮人兒，大眼睛清水汪汪。歡樂地碰在一塊，我和你一起躲藏。與美麗的姑娘不期而遇，在蔓草與朝露的見證下，享受豔遇的帥氣男孩高興的拍手歌唱。如同日劇《東京愛情故事」》的主題曲《突如其來的愛情故事》裡唱的那樣：

君のために翼になる，君を守りつづける，やわらかく君をつつむ，あの風になる，あの日あの時あの場所で，君に會えなかったら，僕らはいつまでも，見知らぬ二人のまま。

「我要變成翅膀緊緊地守護你，我要變成風溫柔地擁抱你。在那天在那時在那地方，如果不曾與你邂逅，我們將永遠是陌生人。」多麼幸福美好的愛情故事，這就是偶婚時代性愛與婚姻自由的真實寫照。

簡單地說，最初的兩性關係沒有任何約束，隨著文明的進步，在原始的群婚制的基礎上，逐漸加入的血緣禁忌與輩份的觀念，最終男女雙方基本確立了一夫一妻的夫妻關係。這種關係形成之始，還十分不穩定，雙方都可以輕易地結婚，就如同蔓草中享受情愛快樂的美女與帥哥，當然也可以比較容易的「離婚」，就如同鄭國美女對她的情郎所說的那樣「你愛我我們就在一起，你要是不愛我了，我就去找別人。」

但是隨著以男性血緣為依據的私有財產繼承制的逐漸確立，男性地位的逐漸增強，男人們保留了另尋新歡的權力，如納妾娼妓等等就是此種權力的沿續，男性也有權解除婚姻關係，例如後來的「七出之法」，而女人們離婚和另結新歡的權力就被排除了。男權主義由此盛行開來，而女性則遭遇到「世界範圍內的失敗」。婚姻領域內男權主義的盛行，從一開始就被女性厭惡。特別是男人們的縱欲讓女性不勝其煩，「貞節」作為女性們自我保護的武器，便被搬了出來。女人們高掛起「貞節」的旗幟，讓男人們非常痛苦和矛盾。

男人對「貞節」態度矛盾，即有歡迎之處，又有苦惱的地方。一方面男人希望自己的妻子從一而終，成為自己專有財產，由衷希望她只為自己一人而生而死，但另一方面每個男人又都希望別的女人能「開放」一點，使自己能經歷更多的豔遇，這種十分矛盾的態度，使得男人們一方面為女性恪守「貞節」而高興，另一方面心中又竊盼她們更加「放蕩」。圍繞在女人周圍的痛苦與憂慮一直困擾著古往今來的翩翩君子。愛撫「她」是一種本能，但這種愛撫似乎又成為了墮落之源，女人對男人來說，即是天使又是魔鬼。於是男人們一邊希望自己的妻子能夠有「貞姜殉節」的勇氣與專一，但另一方面，男人們又在羨慕那個蔓草叢中享受美女與愛情的帥哥，但是帥哥畢竟是稀有資源，對於大多數不那麼帥氣的男人來說，那些有幸抱得美人的「魯蛇」男更讓人眼紅。所以《詩經》中唱到：「野有死麇，白茅包之。有女懷春，吉士誘之。林有樸樕，野有死鹿。白茅純束，有女如玉。舒而脫脫兮！無感我帨兮！無使尨也吠！」平野上有一隻死獐，用茅草捆紮著；原來獵人正在引誘一個懷春的少女。灌木叢中還有一隻死鹿，用茅草捆綁著；原來獵人正在引誘一個如花似玉的姑娘！幾經誘惑，姑娘終於到手了。獵人幸福的不行，姑娘訓斥道：「別魯莽，規矩點呀！不要動我的圍巾！不要讓那狗亂叫！」

男人都希望自己的女人只屬於自己一人，男人又都垂涎美女，而美女往往容易被很多男人追求，女人這種蜜糖加毒藥的雙重性質始終折磨著古今的男士們。

「春分之日，元鳥不至，婦人不信。清明又五日，虹不見，婦人苞亂。立冬又五日，雉不入大水，國多淫婦。小雪之日，冬虹不藏，婦不專一。大寒之日，雞不始乳，淫婦亂男。」[3]總而言之，世上萬物的異動，好像都是因為女人不貞引起。不貞的女人似乎成為上天懲罰男人們的工具，女貞問題始終為男人們所牽掛。於是男人們一邊吟詩讚美蔓中美女的無限風情，詠嘆著懷春美女的「吉士」情緣。另一邊又開始推波助瀾，宣揚女性的

「貞節《汲塚周書》」觀念。為了提倡女性的「貞節」觀念，給「貞節列女」樹碑立傳便成了很好的方法。這一傳統最初始於劉向《列女傳》，這本書共分：〈母儀傳〉、〈賢明傳〉、〈仁智傳〉、〈貞順傳〉、〈節義傳〉、〈辯通傳〉和〈孽嬖傳〉。但其中《烈女》一章所載之事例，情節慘烈者不勝其數，給人留下太深印象，因此以後各朝大有將「烈女」當「列女」之趨勢。從劉向開始，獎貞勵節就成為歷朝歷代的重要工作。提倡女性恪守「貞節」的呼聲也日益高漲，到了明清時代，此風逐漸蔓延至整個社會。

從《周易》的乾坤陰陽對應男女關係

三千多年前的河南，是中華文明的發源地，也是中國的政治中心。在商朝的首都殷，也就是今天的河南南陽，是中國最繁華的城市，這裡不僅有最高大的宮殿，還有中國最古老的國家監獄。羑裡城就位於安陽市區以南十公里處，這裡是商代的秦城監獄。專門關押犯罪的「高級幹部」和各種重要罪人。著名的周文王就被「劃地為牢」，關押於此。

文王在這裡被關押多年，望著囚牢外的廣闊天地。回憶一生經歷的太多痛苦，人為何有生老病死，天下為何有征掠殺伐，自然為何有天災人禍？所有世界萬物的運行，有什麼規律嗎？

身陷囹圄的文王將自己的心思，撲在了思考人生與世界上。慢慢他認識到「乾坤一元、陰陽相倚」是世界的根本，那麼世界又是如何運行的呢？伏羲的八卦，卦卦相生給了他巨大的啟發。參悟了世界的根本，又體會出世間萬物的運行規律，《周易》的理論框架在文王的頭腦裡日益清晰。文王拍案而起：「對，這就是世界萬物相生相剋的規律，天地，生靈，陰陽，男女，世間萬物的變化運行皆不出於此。」既然《周易》能解釋世間萬物，自然也要對男女之情愛做個交代。女性的「貞節」問題，從此被上升到哲學高度。

「貞」最早的解釋出現於《說文解字》，意思為「貞，卜問也。從卜，貝以為贄」，這便是「貞」的原意。「貞」的語意原本與女德無關，但最終「貞」的觀念作為一種道德與女人緊密相連，細說起來占卜與中國古代的陰陽觀，為此種附會架設了橋樑。

女性的身體特徵決定了女人在兩性接觸中天然處於被動地位，身體構造使女人們有一種天然的自卑。她認為自己是被施與者，在很多時候，女人本能的更傾向於尋求被保護與被關心。[4] 男人取得統治地位後，女性在兩性交往中的被動性，被無限昇華到了哲學高度，和中國人的天道觀挨上了邊。「天道為乾，地道為坤，乾為陽，坤為陰，陽成男，陰成女，故男性就應剛，女性應柔。男子應該是主要的，女子應該是被動的。」[5] 這種觀念基本概括了中國古代哲學對男女性別角色的認識，古人成功的將乾坤陰陽五行的觀念嫁接在男女兩性關係上，從而為「貞」的異變創造了契機。

「乾，天也，故稱為父；坤，地也，故稱為母。」世間萬物有乾坤之分，乾坤對應天與地，而在男女關係中則是乾對應男人，坤對應女人。[6] 所以《周易・恒卦・象傳》中率先提出：「婦人貞吉，從一而終。」接著《繫辭傳》又說：「乾坤其易之蘊邪！乾坤成列而易立乎其中矣。乾坤毀則無以見易……」乾坤是天下之大序，乾坤有法時間萬物就井然有序；乾坤移位則天下要出大事。乾坤要有序，所以男女之間就要有上下尊卑之序。於是，陰陽五行的哲學被成功嫁接到了兩性關係中，使得中國傳統哲學充滿了貞節崇拜的味道。

在傳統哲學中，對「貞」的理解大體有如下幾種：

第一，「家人利女貞」其中「貞」就是「正乎其位」，與貞操沒有關係。

第二，「恒其德貞婦人吉」，「貞」就是夫妻感情永久的意思。

郭沫若曾說過：「八卦的根底我們很明顯地可以看出古代生殖器崇拜的孑遺。畫一以像男根，分而為二以像女陰，所以由此演出男女、父母、陰陽、剛柔、天地的觀念。」[7]

雖然貞的本意與女人沒有直接關係，但已經留下了足夠的想像空間。秦代以前，「貞」對於女性約束並不嚴格，但將「貞」視為一種性道德的例子已經不時出現在史籍中。

貞節來自於處女情結

《左傳》哀公十一年（西元前四八四年）冬天，衛國太叔疾逃到宋國。當初，太叔疾娶了宋國子朝的女兒，她的妹妹隨嫁。後來，子朝因故逃出宋國。孔文子就讓太叔疾休了子朝的女兒，然後把自己的女兒孔姞嫁給了太叔疾。但太叔疾卻派人把他前妻的妹妹引誘出來，安置在「犁」這個地方，還為她修了一所宮殿，就好像他的第二個妻子。孔文子為此事大為惱怒，準備派兵攻打太叔疾。孔子勸說孔文子打消念頭。最後孔文子把女兒強行要了回來。

根據《四書集注》的說法，孔文子想要攻打疾，結果疾逃到了宋國，孔文子就將女兒嫁給了太叔的弟弟遺：「疾奔宋，文子使疾弟遺室孔姞。」孔文子隨意地將女兒嫁來嫁去，子貢非常看不慣，於是就去問孔子，為什麼孔文子這樣的人能得到「文子」的諡號。孔子就告訴他，孔文子這個人雖然讓女兒嫁來嫁去很不好，但也有好的一面，「敏而好學，不恥下問，是以謂之『文』也」[8]。

而衛宣公的故事就更加離奇。衛宣公是衛國的第十五代國君，宣公早年曾與父親侍妾夷薑有染，後來與夷薑生有一子，取名叫伋，又稱急子，意即急著來到世間的孩子。原本立此子做太子，並在他成年時向齊國求親，希望讓齊僖公的女兒與伋結婚，而這樁親事也就此定下了。然而在舉行婚禮前，宣公卻為兒媳的事倍感痛苦。其實衛宣公的感受也不難理解，古人結婚比較早，此時的宣公大約也就是三十多歲，而他的公子伋，大約十多歲的樣子。宣公垂涎兒媳的美貌。頓時動了春心，最終在宣公的心裡，愛情戰勝了父子親情。宣公便在黃河邊築了個新台，自己就把兒媳納為己有，並且另外給伋娶別的女子。這位齊僖公的女兒後來被稱為宣薑，而宣公強納未過門的兒媳之事，被稱為新台醜聞，後來衛國人做〈新台〉詩諷刺之。[9]這些都是被儒家攻擊的所謂「淫亂」的事情，儒家經典中也不斷出現關於「女貞」的議論。但是這種議論所體現出的對「貞」的理解與現代人完全不同。《禮記・郊特牲》說：「信，婦德也。一與之齊，終身不改，故夫死不嫁。」《儀禮》中有：「夫者，妻之天也，婦人不二斬者，猶曰不二天也。」用現代人的話說「貞」的意思大約是在對女孩子說，你要是愛上一個男人，就要愛他一生，嫁給一個男人，就要和他過一生。「貞」說到底就是女人對婚姻，對丈夫要講信用。

與「貞」不同，「節」的原意是操守、氣節，也就是在困難面前堅持原則。在中國的歷史上，貞節並稱的很長時間裡，實際上重節而輕貞。也就是注重婚姻之後的夫妻情義，但對「貞」並不特別強調。

春秋時有一個著名的故事《貞姜殉節》，貞姜是齊侯之女，楚昭王的夫人。一次，楚昭王攜貞姜出遊，玩到長江邊，昭王將妻子貞姜留在漸臺上，自己出去散心了。說來也算天意，昭王剛離開不久，大水就到了。昭王趕快命使臣回去接貞姜。結果使者卻碰了個釘子。貞姜面對不斷上漲的大水，卻斷然拒絕了使臣，理由說起來很簡單：「王與宮人約令召宮人，必以符。今使者；不持符，妾不敢行。」說白了，王要找我，必須讓使者拿著符節來找我，而你沒有符節，所以我不能和你走。大水快來了，昭王急著派人去接老婆，作為男人，什麼符節不符節似乎也顧不上了。但是貞姜卻斷然拒絕了使者。使者說：「大水快到了，回去取符怕是來不及了，您就和我一起走吧。」貞姜大聲說：「什麼叫守節呢？我聽說過女人不違反禮節，男人不怕死，這就叫守節，我知道和你一起走就可以活，要是留下就必死無疑。但是要讓我違背規矩還要當個膽小鬼，換來生的機會，那我還不如死了好。」於是使者碰了一鼻子灰，只好反回去取符節，拿了符節還沒來得及回來，大水就到了，貞姜也被洪水淹死。貞姜對「節」的看法是豐富而有趣的，在貞姜心中，男人和女人都要守「節」，男人的節是勇敢不怕死，女人的「節」是不違反禮數。

這樣的故事還有很多。

齊孝公之夫人孟姬是華氏之長女，齊孝公出遊琅邪，孟姬跟著孝公一起乘車前往。結果走到半路，孟姬的車發生了交通事故，拋錨了。車壞了，孟姬一頭滾落下車，孝公知道後，覺得這事必須得快速處理，免得被扣分，於是立即派了另一輛車去接自己的太太，結果孟姬對老公的一片好心，態度就一句話：「NO」。她一邊讓待從用帷帳將自己遮蔽起來，一邊堅決不上使者的車。使者一頭霧水，心想：「皇帝派來在車好歹也是寶馬呀，您就是哭也得先上車再哭，您也不能連車都不上吧，又不是搞個自行車來接你。」到底是什麼原因呢？結果一問，孟姬把話說明白了。原來孟姬覺得自己「失節」了，孟姬覺得：「妃後踰閾必乘安車輜軿，下堂必從傅母保阿，進退則鳴玉環，珮內飾則結紐，綢繆野處則帷裳擁蔽，所以正心壹意自斂制也。今立車無軿非所敢受命也，野處無衛非所敢久居也。」女人，特別是王的女人，坐車出行都是有規矩的，違背了這些規矩就叫「失貞節」。孟姬的話大意是說：孝公派來接她的車缺帷少遮擋的東西，再加上她從車上掉下來待在這個荒郊野外這麼長時間，又沒有個待衛，也沒個東西能遮擋，很不方便也很失禮，這兩點已經很失「節」了，所以孟姬對來接她的使者說：「我哪都不和你去了，我還是直接死了好。」使者一聽嚇壞了，趕緊回去報告長官，齊孝公一聽，覺得自己這老婆好是好，但是有點太較真。趕緊又派了一輛合乎標準的車去接孟姬，結果等趕到那時，發現孟姬已經自盡了。[10] 其實不論是貞姜還是孟姬，她們對「貞節」的理解非常寬範，她們生前並沒有遇到性騷擾和異性的侵害。她們所守的「貞節」其實是一種夫妻之間的禮節和規矩，違反了這些禮節與規矩就是「失節」，當時的「貞節」觀是相當寬泛的，並非單純的性道德。貞姜說的更明白，守節就是女人不失禮，男人不怕死。

在先秦時代，貞節這種東西對女人來說其實最多算是一種結婚的女性應該遵守的「文明禮貌」，但是在以後的歲月裡，這種文明禮貌開始不斷發生異變。

此外，當時婦女改嫁之事頗多。據史籍記載，當時政府還設置有主管鰥夫寡婦嫁娶的官員。《管子・人國》曰：「凡國都皆有掌媒」，「取鰥寡而合和之，予田宅而家室之，三年然後事之。」大意是說：丈夫沒有妻室叫作鰥，婦人沒有丈夫叫作寡，取鰥寡而加以配合。給予田宅而使之安家，三年後給國家提供職役。這就叫作合獨。由此可見，那時人們心中的「貞節」不僅內涵廣泛，其適用的人群也相對狹窄，不是什麼人都要「守節」的。

對「女貞」的熱愛，源於男性的一種處女情結。這種情結古來有之，如晉代裴危曾說：「膏不厭鮮，女不厭清，玉不厭潔，蘭不厭馨。」[11]肉愈新鮮愈好，女人愈清純愈好，玉愈潔淨愈好，蘭花愈芳香愈好。女人最好是處女，沒有男人碰過的女人，她的魅力可以同鮮美的佳餚，潔淨的美玉，芳香的蘭花相媲美。「貞節」既然是男人心中的一種情緒，那麼對於女人的失身，特別是通過合法途徑失身給英雄，就成了件光榮神聖而且值得推崇的事。

《易經》裡曾經講過一個故事：周的祖先聚集在岐山之南，一個山水優美的地方，民眾到處遷徙非常勞頓，走到這裡大家都不想再跑了，於是周的祖先古公亶父決定在這是定居，為了紮營建城，大家忙得團團轉；古公亶父騎馬領兵、來回巡視管理。大家正在加班營建京城時，報警來了，城外來了大隊人馬，大家以為是犬狄掠奪或是盜寇騷擾。結果偵察了一下，原來不是盜寇，而是前來聯姻的隊伍。結果沒想到「來嫁於周」的女子堅貞不肯簽字；時過境遷，過了十年，受到丈夫「惟德之行」的感染，最終女子才心甘情願，獻出了她的貞節，這樣一個有個性的母親終於懷孕了，難以想像一場戀愛談了十年會是怎樣的如膠似漆。也不知道新娘懷孕時年齡得有多大？但是這些都無法推究了，反正不一樣的老公加上不一樣的母親，自然會有與眾不同的孩子，「大任有身，生此文王」的聖人誕生了。

說起中國女人的品德，「三綱五常」、「三從四德」是不得不提的名言。何為「三綱五常」和「三從四德」呢？三綱、五常這兩個詞，來源於西漢董仲舒的《春秋繁露》一書。但作為一種道德原則、規範的內容，它淵源於先秦時代的孔子。三綱指：君為臣綱，父為子綱，夫為妻綱；五常指：仁、義、禮、智、信，是封建禮教提倡的人與人之間的道德規範。「三從」出自《禮記・喪服・子夏傳》，指「未嫁從父，既嫁從夫，夫死從子。」「四德」出自《周禮・天官・九嬪》，指「婦德、婦言、婦容、婦功」。

儒家的這些「綱常」歷史悠久，更多的局限於理論與理想層面。由於秦以前的中國社會正處在大動盪、大變革的時期，儒家思想還未佔據統治地位。貞節觀念對時人也並未產生多大的威懾力。宋明理學雖然嘴上將貞節抬到了至高無上的地位，但實際上現實生活卻讓平民女子從者寥寥。從張載、周敦頤到程朱，理學家們口中的「貞節」要求愈來愈高。直到《近思錄》那段著名的對話問：「孀婦於理，似不可取，如何？」伊川先生曰：「然！凡取，必配以身也，若取失節者以配身，是己失節也。」又問：「人或居孀貧窮無托者，可再嫁否？」曰：「只是後世怕寒餓死，故有是說。然餓死事極小，失節事極大！」[12]這就是著名的「餓死事小，失節事大」的來歷。

此後，男人們的處女情結日益加重，「貞」與「節」變得同等重要，守「貞」就是女人最大的「節」，只要保住自己「貞操」，女人就算盡到了對男人的「節」。「貞節」意義日益接近，也逐漸合二為一，而「貞節」的內涵也日漸狹隘，失去了原始的含義。

節婦．列女．貞女

列女入史，發端於劉向的《列女傳》，這本書共分：〈母儀傳〉、〈賢明傳〉、〈仁智傳〉、〈貞順傳〉、〈節義傳〉、〈辯通傳〉和〈孽嬖傳〉。此後，歷朝歷代，正史或方志中都會旌表「列女」。目的是把本時代的傑出女性的感人事蹟搜集起來，大力旌表發揚光大。其中所記載的女性有時被分為「節婦、列女、貞女」，有時被分為「名媛，節婦，壽婦」等等，

細究一下，不難發現其中的含義與區別。

貞女最早見於《易．屯》「女子貞不字」指的是未婚的女子。後來這一稱呼的內涵有所擴大，但基本上還是代指沒結婚能自己堅守的女性。《史記．田單傳》有云：忠臣不事二主，貞女不事二夫。」更為後人所熟知。

節婦，指的是丈夫死後不改嫁的女人。

節婦最早用以形容有很高品德的婦女，如西晉傅玄的《秋胡行》所寫：「奈何秋胡，中道懷邪。美此節婦，高行巍峨。哀哉可滑，自投長河。」此處的節婦是指有高尚行為的

女人。但此後，節婦的含義漸漸狹隘，變為夫死不改嫁的女人的美稱。明代洪武年間頒佈召令「三十以前夫亡守節，五十以後不改節者，旌表門閭，免除本家賦役」。而清代的《大清會典》也將符合這一條件的女人稱為節婦。

道德教化與法律規範日益合流，營造出一種詭異與殘酷的社會風氣，這種讓人胸悶的氛圍使女子臣服於貞節之下。《晉書‧禮志中》說：「貞婦不昧進而苟容」，就是對女人失去丈夫後提出的更高要求。

「列女」的意思，最初與烈士相當，指的是重義輕生的女子。比如聶政殺俠累的故事，《史記》最後也評價道「非獨政能也，乃其姊亦列女也。」[13]此處聶政的姐姐就是重大義而輕生的女人，此後列女的含義日漸縮小，專指那些犧牲生命保全貞節的女人。丈夫死後，殉節的就是「列女」，《大清會典》中「拒辱致死」的女人也屬「列女」此類。

大體上，我們可以簡單的概括節婦、列女、貞女之間的區別。節婦指夫死守節，不肯再嫁；列女則是夫死後以身相殉或以生命為代價保守貞節的女性；貞女則指為死去的未婚夫守節的女孩子。分類稱謂不盡不相同。但目的都是一樣，就是要打造感動中國的女性榜樣。

這些女性在傳統的史書中，通常被歸入《列女傳》。因此列女也就成了一個統稱，而其中列女由於事蹟偏執，讓人印象深刻，所以，以後的歷朝歷代大有將列女當作烈女之意。

貳

職場還是情場

——《女誡》怎麼說

班昭無疑是中國古代最有名的女人之一，如果說武則天是古代女人中的「始皇帝」也是「終皇帝」（因為前無古人，後也不會有來者），那麼班昭無疑是古代女性中的「女聖人」。班昭獲得女聖人之名，主要得益於她的大作《女誡》。這本書被古往今來的文人學者譽為女學中的「聖經」，它是最早對中國的女性道德進行總結的著作。可以說，在傳統中國社會中，中國人對「貞節」的理解都起源於這本大作，而古代中國人所鼓吹的所有傳統的女性道德，也都發端於這本兩千多字的著作。這到底是一本什麼書，班昭為什麼要寫它呢？這就要從班昭的家庭和人生經歷說起。

「女聖人」班昭的女性生活厚黑學

班昭是史學家班彪女、班固與班超之妹，博學高才。她十四歲嫁給同郡曹世叔為妻，所以人們又把班昭叫做「曹大家」。《女誡》的出現有其深刻的時代背景。

班昭生活的時代並不算太好，她的一生主要生活在漢明帝時期，這一時期，東漢的政局出現了外戚專權，幼主失政的局面。所謂外戚專權，就是指皇帝太小或是太遜，結果被老婆聯合自己的娘家兄弟掌了權，把皇帝變成了木偶。這是東漢長期存在的一個問題，從漢明帝到漢成帝，再到最後的漢靈帝漢獻帝。東漢的很多皇帝都被身邊的女人玩在手裡，或是自己的老婆，或是自己的老媽。老媽還好說，但被自己老婆和小舅子攥在手裡的感覺當然不好，於是皇帝與自己的老婆之間不斷展開攻防，皇帝的母親與自己的兒媳之間也矛盾重重。在這種複雜的鬥爭中，竇太后，鄧太后，閻太后等一大批女性先後掌權，但又先後失勢。每個宮中的女人都在思考，作為一個女人，如何在皇宮裡活得更長久，過的更爽一點，所以宮裡的女人們希望能有人給她們一個答案。而每個鬱悶的皇帝也都在想，如何能讓自己身邊的女人在專心伺候自己的同時能更老實更聽話一點，最好除了把自己伺候舒服外，不要老是想著如何抓權，搞的自己被架空。想來想去皇帝們覺得辦法也不是沒有，不外乎兩條：一是自己戒色，二是加強對宮中女人的思想教育。讓皇帝戒色肯定是不行的，剩下的辦法就只有想方設法開導自己周圍的這些女人了。於是皇帝與他身邊的女人們在這一點上不謀而合，天才女子班昭和她的大作《女誡》便應運而生，一躍而入歷史的台前。

班昭作為一個受過良好教育的女性，深得皇家器重，朝廷多次下詔令班昭入宮講讀，讓皇后和貴妃跟她學習，稱她為「大家（讀gu）」，這是當時人們對婦女最尊貴的稱呼。鄧太后以女主執政，班昭以師傅之尊得以參與機要，竭盡心智地盡忠。所以，長期的宮庭鬥爭讓班昭感受到生存的艱難。班昭一個人生活在複雜的宮庭中，時時都在思考一個問題，女人如何在一個複雜的世界裡獨善其身呢？班昭的思考深受其家庭的影響。

說起班昭一家，絕對是名流世家。父親班彪是著名學者，兩個兄弟班固與班超在歷史上都大名鼎鼎。班家人個個不簡單，不是政治明星，就是學術權威。班昭作為班家的小女兒，想不成才都難。這個家庭充滿文化氣息，讓班昭成為舉世聞名的才女，但這個家庭也充滿故事，讓班昭對人生產生了獨特的感悟。

首先來說說班固吧。班固絕對算是個天才，據說他九歲能寫詩，十三歲就被大學者王充欣賞。有天賦又有高人指點，班固十五歲左右時就考上了洛陽的太學，進了「大學少年班」。班固本來品學兼憂，但是天有不測風雲，三十多歲時，父親班彪去世，於是班固休學回家為父親丁憂。在丁憂期間，班固繼續了父親的事業，完成父親的修史大業，班固在班彪續補《史記》之作《後傳》基礎上開始編寫《漢書》，至漢章帝建初中基本完成。

班固本來職位不高，先任郎官。建初三年（西元七八年）升為玄武司馬，是守衛玄武門的郎官中的下級官吏。由於章帝喜好儒術文學，賞識班固的才能，因此多次召他入宮廷侍讀。章帝出巡，常隨侍左右。奉獻所作賦頌。對於朝廷大事，也常奉命發表意見，與公卿大臣討論，曾參加論議對西域和匈奴的政策。

人才出頭有時需要機遇，歷史就給班固提供了這樣的機遇。建初四年，章帝效法西漢宣帝石渠閣故事，在白虎觀召開了一次歷史上著名的學術研討會，他召集當代名儒討論五經同異，並親自裁決。漢章帝是想通過這次大規模的學術研討，促進儒家思想與讖緯神學緊密結合，加強儒家思想在思想領域的統治地位。在這次會議上，班固以史官兼任記錄，奉命把討論結果整理成《白虎通德論》，又稱《白虎通義》。

人一出名，自然就會被人賞識。各界名流特別是政界人士難免想拉為已用，這時候選邊站就顯得非常重要，班固的錯誤就在於他選錯了邊。班家與東漢的竇家是世交，外戚大將軍竇憲就賞識上才華出眾的班固。這位國舅爺出兵打仗也不忘記帶上班固。漢和帝永元元年（西元八九年），大將軍竇憲奉旨遠征匈奴，班固被任命為中護軍隨行，參預謀議。

竇憲大敗北單于，登上燕然山（今蒙古境內的杭愛山），命班固撰寫了著名的燕然山銘文，刻石記功而還。銘文寫的大氣磅礴：

鑠王師兮征荒裔，
剿凶虐兮截海外。
夐其邈兮亙地界，
封神丘兮建隆嵑，
熙帝載兮振萬世！

翻譯過來就是：威武王師，征伐四方；剿滅兇殘，統一海外；萬裡迢迢，天涯海角；封祭神山，建造豐碑；廣揚帝事，振奮萬代。

班固與竇憲本有世交之誼，入竇憲幕府後，主持筆墨之事，關係更為親密。竇憲自恃有功，日益驕橫。手下黨羽也乘機飛揚跋扈。

永元四年（西元九二年）他的黨羽鄧疊、鄧磊、郭舉、郭璜也互相勾結，有的還出入後宮，得幸太后，於是欲謀叛逆。[14]漢和帝得知了他們的陰謀，設計將竇憲、竇篤、竇景等人處死。[15]

永元十年（西元九八年），竇瑰也被梁棠所逼自殺。受株連者也都免官還鄉。城門失火秧及池魚，班固也因受竇憲賞識而受到株連。洛陽令對班固積有宿怨，借機羅織罪名，捕班固入獄。同年死於獄中。男人才華橫溢，但是選錯了邊，跟錯了長官，結果不但前途沒了，還落得命喪黃泉的下場，男人的命運尚且如此，女人又如何在紛亂的人世中保全自己的性命呢？班昭心中不免暗自思考這個問題。這時，班昭姑姑班婕妤的故事給了她很多啟發。

班婕妤曾是漢成帝寵倖的後宮妃子，也是著名的西漢女辭賦家，史稱她善詩賦，厚美德，因此，她被後代譽為中國歷史上最完美的女人。晉朝顧愷之在他所畫的《女史箴圖》中，描繪了班婕妤與漢成帝同乘駕輿的情景，把班婕妤的端莊嫻靜，作為勸導嬪妃們慎言善行、普天下女子以此為鑑的典範，成了美好婦德的化身。梁代鐘嶸的《詩品》中評論說，班婕妤是「將百年間，有婦人焉，一人而已」。

在中國歷史上，能夠得到身為封建士大夫的男人青睞，並給予崇高的評價，實在很難得。班婕妤不但有花容月貌，而且頗有才華，寫得一手極好的辭賦，才德兼得。因為她出身於一個名將之家，父親是漢武帝的驍將，立下汗馬功勞；而她也是《漢書》作者班固、才女班昭的姑母。在這樣的家族背景之下，她自有一份雍容華貴的氣質和無與倫比的人格魅力。

古代才貌雙全的女子並不鮮見，但紅顏薄命者也不在少數。班婕妤的過人之處，不在於她的美麗容顏，也不在於她的才華，而是她對生活的超然姿態。她得寵時不爭寵，不干預政事，行事端正；失寵後卻又能做到急流勇退，明哲保身，心如止水。在複雜險惡的宮闈之爭中，在歷經後宮春花秋月的劫難裡，她始終保持一枝獨秀，像一朵金黃的菊花，靜靜地開在深宮別院的汙濁裡。

在趙飛燕入宮前，漢成帝對她最為寵倖，而班婕妤在後宮中的賢德也是有口皆碑的。當初，漢成帝為她的美豔及風韻所吸引，為了能夠與班婕妤形影不離，特命人製作一輛較大的輦車，以便同車出遊，但卻遭到她的拒絕，她說：「賢聖之君皆有名臣在側，三代末主乃有嬖女。」古代聖賢之君都有名臣在側，而夏、商、周三代末主夏桀、商紂、周幽王，才有嬖幸的妃子在身邊。

當時王太后聽到班婕妤以理制情，不與皇帝同車出遊，非常欣賞，逢人便說：「古有樊姬，今有班婕妤。」王太后的賞識，使班婕妤的地位在後宮更加突出。而她的婦德、婦容、婦才、婦工等多方面的修養，很有可能對漢成帝產生更大的影響，使他成為有道的明君。可惜漢成帝沒有憑藉班婕妤這樣的賢內助成就一番霸業，這是他本性荒淫無恥，沒有造化所致。

而隨著趙飛燕、趙合德姐妹入宮，漢成帝澈底過起聲色犬馬，荒淫無道的生活。班婕妤和許皇后都受到了冷落，但是兩人的結局卻大相徑庭。許皇后在孤燈寒食的寢宮中設置神壇，詛咒趙氏姐妹。事情敗露以後，漢成帝一怒之下，把許皇后廢居昭台宮。當趙氏姐妹欲對班婕妤加以陷害時，而班婕妤卻從容不迫地對漢成帝說：「妾聞死生有命，富貴在天，修正尚未得福，為邪欲以何望？若使鬼神有知，豈有聽信讒思之理；倘若鬼神無知，則讒溫又有何益？妾不但不敢為，也不屑為。」班婕妤一番肺腑之言，成功打消了漢成帝的疑心，還得到厚賞。

班婕妤畢竟是一個有見識的賢淑女子，面對寵愛，不驕不躁；面對讒構、嫉妒和排擠，隨時都有陷害的可能，她採取急流勇退、明哲保身的策略，因而繕就一篇奏章，自請前往長信宮侍奉王太后，聰明的班婕妤把自己置於王太后的羽翼之下，就再也不怕趙飛燕姐妹的陷害了，漢成帝允其所請。自此，她悄然隱退在長信宮的淡柳晨月之中，視宮廷內的燈紅酒綠、歌舞昇平為隔世之事。

至此，我不得不嘆服班婕妤的高超智慧及完美人格。相比之下，歷代在宮廷陰謀中倒下去的具有文韜武略的男人，不知有多少，即使是那些和皇帝一起打江山的人們，也難以擺脫飛鳥盡、良弓藏；狡兔死、走狗烹的命運。何況作為一個後宮之妃，更是皇家砧板上的肉。而班婕妤失寵後能夠保全自身，退而養性，實在是千百年間，一婦人焉。

坎坷的命運，卻成就了我國歷史上第一個女辭賦家。班婕妤失寵之後，並不是在怨艾中虛度餘生，而是創作出了不少辭賦作品，成為千古吟詠的佳作。她的《團扇詩》，又稱《怨歌行》，利用團扇抒發了她心中的失落悵惘之情。鍾嶸《詩品》評此詩說：《團扇》短章，辭旨清捷，怨深文綺，得匹婦之致；當是中肯的評語。其詩曰：

新制齊紈素，皎潔如霜雪。
裁作合歡扇，團圓似明月。
出入君懷袖，動搖微風發；
常恐秋節至，涼飆奪炎熱；
棄捐篋笥中，恩情中道絕。

團扇又稱絹宮扇、合歡扇，是當時妃嬪仕女的飾品。但由於班婕妤的一首《團扇詩》，團扇幾乎成為紅顏薄命、佳人失寵的象徵，並成為文學典故，被後代所旁徵博引。如唐代王建的詞：「團扇，團扇，美人病來遮面。玉顏憔悴三年，誰複商量管弦？弦管，弦管，春草昭陽路斷。」而納蘭性德「人生若只如初見、何事秋風悲畫扇」的名句，也是因為用了該典故，成為傳世之詠。

而當漢成帝死於溫柔鄉，趙飛燕、趙合德化為煙花銷盡之後，班婕妤主動擔任守護漢成帝陵園的職務，天天陪著這個曾經荒淫無道、背叛自己的靈魂，回憶著曾經的出入君懷袖、動搖微風發的往事，諦聽著松風天籟，冷清地度過孤單落寞的晚年。對於她來說，這是她完美人生的最後歸宿，愛情忠貞的最好體現，而孤單落寞也是一首歲月蕭瑟之歌。

班婕妤的人生，雖然並不一帆風順，命運對於她也不是特別眷顧。但是在我們眼裡，她仍然是一個近乎完美的女人，她出色的容貌，橫溢的才華，貞靜的美德，成為中國歷史上無數女人追慕的理想女性的楷模。

事實上，教女人在這個虎狼環伺的世界裡如何生存立身，班昭之前早在西漢末年就有人試圖做這樣的事——西漢的劉向寫了本叫《列女傳》的書，就具有很強的目的性。西漢末年，漢成帝志於內寵，趙飛燕姐妹頻頻涉政，後宮勢力日盛。劉向看在眼裡，決定寫一本教女人如何做個好女人的書，以糾正後宮干涉朝政的弊端，於是劉向寫了本叫《列女傳》的書，集古今賢婦的事蹟於一書，旨在為後宮女子樹立榜樣。

而班昭續寫《漢書》，並為其中難懂的地方作注，她對劉向的思想了然於胸。《列女傳》中那些女人故事對她影響很深，如她在《為兄超求代疏》曰：「妾誠傷超以壯年竭忠孝於沙漠，疲老則便捐死於曠遠，誠可哀憐。如不蒙救獲，超後有一旦之變，冀幸超家得蒙趙母、衛姬先請之貸。」[16]這裡引用的「趙母」、「衛姬」的典故分別出自《列女傳・

仁智・趙將括母》和《列女傳・賢明・齊桓衛姬》，劉向的思想，兄長的遭遇和姑姑班婕好的智慧讓班昭感慨良多。

於是班昭決定寫一本書，系統地教會女人，特別是宮庭中的女人如何生存，創作《女誡》的想法在班昭的頭腦產生了。《列女傳》側重於榜樣的塑造，而班昭的《女誡》則稱的上中國女教的開山之作。之前的有關女性道德，貞節的論述，如「三從四德」等觀點，歷史雖然久遠，但雜亂無章法。劉向的《列女傳》也只是所謂「優秀女性」的事蹟集成，而《女誡》則第一次完整的系統化告訴中國的女人們，怎樣做才叫好女人以及女人應該如何生存。雖然歷代的文人喜歡將《女誡》奉為女教的聖經。但事實上，這本書更像一本女性版的生活「厚黑學」，它教給女人，如何把自己的心練的更堅強，使自己能在這個世上有一席之地。

女性婚姻的「職場」攻略——《女誡》

班昭的眼光很銳利，漢代的社會分工很簡單，傳統的說法就是士農工商，六藝百工。女人能幹的活真的是少之又少。除了紡織與照顧家庭外，女人幾乎沒有在社會上立足的位置。作為女人來說，離開了家庭，又能做什麼呢？不論入朝為官，還是下地耕田，女人沒男人有力氣。上馬打仗，女人更不是男人的對手。《女誡》厚黑學明確告訴女人們，女人是不可能在這個世界上戰勝男人的，就像那些當權的皇后，最終只能被更強的女人擊敗，但永遠不變的是皇帝以及人們對皇權的信仰。不論是竇太后還是鄧太后，女性弱者的地位幾乎無法改變。外邊的世界是男人的天下，女人最好不要去爭，而女人最重要的世界就是自己的家。天下是男人的，男人可以去征服世界，女人卻可以在家裡征服男人。家庭是女人生存的依託，而丈夫則是女人生活的依靠。

但是男人的懷抱也並非風平浪靜，喜新厭舊是很多男人的通病，女人之間的競爭在所難免。於是在班昭的視野中，婚姻實際上是一個職場，而妻子則是女人最主要的職業。既然婚姻是職場，那就會有老闆和同事，還會有老闆的親戚朋友及各類關係戶。丈夫就是老闆，婆家人則是老闆的親朋，丈夫其他的姬妾情人就是自己的同事，作為女人如何應對職場中的風雨呢？《女誡》實際上就是一部婚姻職場攻略。當然鑑於東漢的皇帝們能力比較遜色，普遍存在管不住老婆反被老婆挾制的問題，這本書想要躋身為主旋律作品，首先必須滿足皇帝的需要，因此此書中加入了很多要女人「順從」要「聽話」的內容，儘管如此，這些粉飾之辭依然無法掩蓋班昭本人的真實思想與意志。

班昭在這部叫做《女誡》的職場攻略中都教了女人什麼呢？

丈夫就是老闆的準則貫穿全書。當好老婆，照顧好丈夫實際上是女人的工作。因此班昭不斷提醒女人們，千萬別把丈夫當成自己的「情人」，而應該將老公當作「老闆」，將婚姻當作「職場」來經營。

《女誡》職場攻略1：對老闆要順從

班昭的職場攻略第一條：對老闆要順從不能和老闆頂著來。

當然，班昭的話是以男尊女卑的名義講出來的。

所謂「男有道，女有順。」班昭的理論依據是主要有二。一個是古訓。「古者生女三日，臥之床下，弄之瓦磚，而齋告焉。臥之床下，明其卑弱，主下人也；弄之瓦磚，明其習勞，主執勤也；齋告先君，明當主繼祭祀也。」這種看法，主要來源於《詩經》：

「乃生男子，載寢之床，載衣之裳，載弄之璋。乃生女子，載寢之地，載衣之裼，載弄之瓦。」說白了，生個兒子，便當作寶貝，放在床上，給他穿上好衣裳，手裡拿塊玉（璋）玩玩；生個女兒，便只能丟在地上，給她一片紡織用的瓦玩玩。這算是引用了一段古訓。接下來，班昭還要引用點「哲學」。而這個哲學依據則主要來源於陰陽理論。「陰陽之間差別很大，男人是陽，就應該強壯剛健，女人為陰，就應該溫婉柔順。男人應該如狼似虎，就怕他懦弱，女人生來就應該像老鼠一樣膽小溫順，就怕變成母老虎。」[17] 男人女人天生是有差異的，男人天生更強壯，更陽剛，而女人則天生陰柔，所以班昭的意思包含兩個方面，一是主張女人就應該用心成為一個溫柔賢慧的人，二是男人則應該努力撐起一方天地。班昭的價值取向非常簡單，一方面堅決反對「女漢子」，另一方面也對男人們提出了期待，堅決反對「偽娘」。

班昭對夫妻關係的看法，歸結於一點就是女性要「敬順」。「修身莫如敬，避強莫若順。故曰：敬順之道，為婦之大禮也。」[18]

對於「敬順」班昭作了明確的解釋說明：女性對丈夫的「敬」重在長久，對丈夫的「順」關鍵在於寬容與理解，不要責備求全，要學會知足長樂。這樣即「敬」又「順」便可以夫妻長久。[19]

《女誡》職場攻略2：態度要敬業

讓「老闆」滿意當然不能只靠「順從」，更要有出色的工作，所以職場攻略第二條就是：「敬業」。

「晚寢早作，勿憚夙夜，執務私事，不辭劇易，所作必成，手跡整理，是謂執勤也，正色端摻，以事夫主，清淨自守，無好戲笑，潔齊酒食，以供祖宗，是謂繼祭祀也。」[20]當老婆，要早起晚睡，整理家務，祭祀祖先。敬業的完成本職工作，是被老闆欣賞的先決條件。

《女誡》職場攻略3：凡事要忍讓

職場中，你表現再好也難免要被老闆批也會遇到各種傾軋。作為職場中人，如何應對傾軋決定你能否在職場中混下去。

班昭給女子們提出的應對傾軋的方法是忍讓。班昭認為女人凡事要多忍讓，遇到好處要讓老闆先來，先人後已，受了委曲不要爭辯，如果是老闆或是老闆家中的長輩也就是公公婆婆，讓你去做得罪人的事，你還是要以工作為重，不要推託。如果有成就，功勞是老闆的，如果有過失，責任要自己勇於承擔。[21]總之一句話，女人在家庭這個職場裡，一定要顯得「卑弱」，要把姿態放低，一定要低調，這樣你才能混的下去。凡事愛出頭，愛爭功，這樣的人肯定吃不開，古往今來都是如此。班昭的觀點深受班婕妤的啟發，班婕妤與自己的皇帝丈夫關係再好，也不同丈夫同車並行。因為班婕妤知道，他的丈夫實際上是她的老闆，而當皇帝的妻子，是她一生的工作，和老闆當然不能平起平坐。班昭心中顯然閃爍著班婕妤的影子。

《女誡》職場攻略4：提升個人價值，不輕易「選邊站」。

婚姻中丈夫難免會有三妻四妾，這些妻妾好比職場中的同事。「同事」多了難免要有派系。用「毛主席」的話說：「黨外無黨，帝王思想，黨內無派，千奇百怪。」其實在職場中，不論什麼山頭派系都沒有真正的贏家，贏家只有一個就是老闆。哥哥班固的悲劇讓班昭深思，男人站錯了隊，捲入政治鬥爭中，尚且難免一死，女人就更是如此。但是在人心複雜的職場中，女人應該如何避免自立山頭或選錯邊的風險呢？唯一的辦法是不要和其他的妻妾爭風吃醋，更不要輕易自立山頭，拉幫結派。

除了不輕易選邊站之外，女人還必須提升修養，提高自己作為妻子的「職業價值」。對於如何做好一個妻子，班昭用四德來加以概括。「四德」即「婦德」、「婦言」、「婦容」、「婦功」。班昭對此也作了解釋：作為一個好妻子，不必太漂亮，但是必須衣著整潔，打扮得體；不必太聰明，太能言善辯，但是要懂得說話有分寸，要善解人意；不一定要有過人的勞動技能，但是一定要勤奮，打理好家庭。行為舉止要端莊，能大大方方的接人待物，做丈夫的賢內助。[22]

上哪個山頭，站哪邊其實並不重要。最重要的是你要把老闆照顧好，把工作做的「出彩」！只要你對老闆有價值，別人就無法取代你，老闆的麾下就會有你的一席之地。

《女誡》職場攻略5：女人也要學習，給自己充電。

班昭對女子受教育的態度比較積極「但教男而不教女，不亦蔽於彼此之數乎！《禮》，八歲始教之書，十五而至於學矣。獨不可依此以為則哉！」[23]

想做個好妻子，你就得當丈夫的賢內助。所以女人也要不斷提高自己，如果你和你的老公思維不在一個高度，你就無法理解你的老公，自然也很難幫他分憂解難。

婚姻是一份工作，它需要聰明的經營。因此處理婚姻問題，女人絕不能以情感用事。為了能讓女人勝任這份「工作」，班昭積自己平生所學，結合家族成員的經驗與遭遇，寫成了這部《女誡》。因此《女誡》一書雖然系統地闡述了女性應有的道德操守，但依然高度概括，只提出了一個比較籠統的框架。《女誡》中所提出的「婦不二適」，「男尊女卑」，「四德三從」等，構成了中國女性「貞節」觀念的核心。而做為一部指導女人如何經營婚姻的「職場攻略」，此書中又有大量的技巧性內容，其實用性也很強。因此，後人在基本繼承《女誡》的衣缽的同時，因理解的角度不同，產生了兩種不同的女性道德觀。一種觀點繼承了《女誡》中「男尊女卑」，「婦不二適」等道德倫理觀念，並將其宗教化，形成了宗教化的女性道德觀；另一種觀點則繼承了《女誡》側重於實踐的特點，逐漸形成了一種實用化的道德觀。兩種道德觀相互矛盾，但又有效互補，形成了中國人獨特的貞節觀。

班昭寫作《女誡》，本意是想教會女人如何在男人的天下更好的生存，班昭將婚姻視之為女人最重要的工作，《女誡》其實就是一部職場「攻略」。但為了提高此書的「理論」水準和「道德」高度，班昭將各種職場技巧置於「貞節」的旗幟之下。於是對《女誡》理解的不同，也就轉化為了對「貞節」問題的爭議。

什麼是「貞節」，如何踐行「貞節」？是機械式的恪守一種「道德」，還是靈活的經營好一份「工作」？人們無休止的爭論著。

這種爭論到了唐代達到一個新的高度，其中「道德至上」主義隨著唐朝的衰弱，社會上重整人心的呼聲日益迫切而得到加強。代表人物就是宋若昭姐妹，而她們最著名的作品就是大名鼎鼎的《女論語》。

參

老闆還是情郎

——「女漢子」看婦德

「女漢子」們的崛起：宋若莘、宋若昭、宋若倫、宋若憲、宋若荀

宋若昭有姐妹五個，宋若莘（宋若華）、宋若昭、宋若倫、宋若憲、宋若荀，個個都有才華，特別是大姐宋若莘和老二宋若昭。宋家姐妹的出身真的是微寒。微寒到什麼程度？可以說是想拉杆大旗都難以啟齒。宋若昭的老爹叫宋廷棻。史書上對他的記載是「世為儒學」，就是個讀書人。中國人向來喜歡傍上名人，特別是宋家姐妹大紅大紫，更有人想替她們樹家史。

范攄《雲溪友議》卷中「吳門秀」條記載雲安公主出降時，宮中內人賦詩與才子陸暢酬和，稱：「此篇或渭內學宋若蘭、若昭姊妹所作也，宋考功之孫也。」宋考功，即宋之問，因曾任考功員外郎，世稱「宋考功」。等於將宋家姐妹推為宋之問的後代。實際上，宋廷棻是「貝州清陽人」也就是今天的河北清河縣。而宋之問是山西汾陽人，沾親帶故的可能性不大。而且，據據唐林寶《元和姓纂》記載，宋氏出自子姓，至唐，有廣平、宏（弘）農兩支，也沒說貝州、清河還有宋之問的後代。

擱到現在人人都想傍名人，什麼將門之後，名媛之女滿街招搖。就連電視上那些娛樂節目裡，很多袒胸露背的帥哥美女中隨便都能蹦出幾個貝勒格格什麼的。可是這位宋廷棻外有吹鼓手造勢，內有五個名女兒撐腰，卻從不提自己的家世。說白了，一是宋廷棻出身太低，沒什麼人可以傍，二是宋廷棻確實是個實在人。

宋廷棻這個人除了落得個文士美名外，真的是乏善可陳，一生沒有什麼讓人記住的事業。但他是一個既幸運又不幸的男人。宋廷棻有六個孩子，五女一子。幸運的是，五個女兒個個才華橫溢；不幸的是他唯一的兒子和他本人一樣，碌碌無為才能平平。用《新唐書》裡的話說「獨男愚不可教，終生為民」。宋廷棻教她們學習經史和詩賦。沒成年時，五個女兒均能書寫文章。宋若莘、宋若昭的文章尤其清麗淡雅，不追時尚。窮人的孩子早當家，若華、若昭兩姐妹出身在貧寒的文人家庭，知識賦予了她們思想，貧寒又鼓起了她們的雄心壯志。

用男人思維教育女性的人生教科書——《女論語》

宋家姐妹的偶像很有趣，即不是古往今來的列女淑女，也不是女聖人班昭。而是選擇了宣文君宋氏。這位宣文君是韋逞的母親。《晉書・列女傳》記載宋氏家世以儒學稱，其父就是著名學者，因無兄弟，最終老爹把自己的學問傳授給了女兒。宋氏一家後因兵亂流落冀州。其子韋逞在前秦皇帝苻堅手下效力。有一次苻堅視察太學，發現幾十年的戰爭導致人才缺乏，能當「博導」，「碩導」的人一個都找不到了，真的是禮樂遺缺呀！到哪裡去找老師呢？這時苻堅聽說韋逞的母親很有學問，於是就下令「把你老媽請出來。」由於有皇帝的最高指示，朝廷就在韋逞家就地設立一所學校，讓韋逞的老媽宋氏就地辦學，宋氏招收了生員百二十人在家授課，講課時拉起一道紗幔，隔紗受業。當時宋氏年八十，耳聰目明，身體康健，賜號「宣文君」，並賜侍婢十人。經過宋氏的努力，史書上說：「周官之學因此復行於世。」本來打仗打來打去，已經沒人做學問了。結果經過宣文君宋氏這麼一傳授本已經失傳的「學問」又回來了，這得是多厲害的女人！可以說是當時全民族的「偉大導師」，也是那個時代思想界的「偉大舵手」。在前秦的「偉大領袖」和「偉大統帥」當然要留給苻堅，而宣文君基本上可以把後兩個「偉大」給笑納了。

宋家姐妹以宣文君為榜樣，說明她們要當思想的引領者和真理的創造者。這也就能解釋她們為何不以古今列女為榜樣，也不以班昭為楷模了。在宋家姐妹的心中，她們要當真理標準的設計者和「高尚」內涵的豐富者。古今的列女們最多只是達到她們「標準」的好女人，宋氏姐妹對這些列女淑媛不吝辭色的誇獎，但是絕不會正眼去看「她們」，就像是一個科學家不論怎麼讚美小白鼠為了人類科學所作出的貢獻，但卻永遠不可能把「小白鼠」當成自己的榜樣。至於班昭，在她們看來，最多只是自己的前輩，也夠不上榜樣的資格。

宋若華和宋若昭姐妹是一對典型的女強人，想要在男人的世界裡當「女強人」，那就必須超越女人。宋若華姐妹真的做到了。他們不僅立志要當事業型女人，而且發誓一生不嫁人。她們對父母表示，這輩子不嫁人，願以學問使父母揚名。宋若華寫《女論語》十篇，宋若昭為大姐所著加以注解，使之更有條理。

貞元四年（西元七八八年），昭義節度使李抱真表薦宋氏五姐妹。唐德宗將她們召入宮內，加試詩賦，並考問經史大義，深為讚嘆。唐德宗能作詩，每次與侍臣作詩唱和，都要宋氏姊妹出席，唐德宗欽佩她們卓爾不群的氣節，不以宮女妾侍對待，稱呼她們為學士、先生。她們的父親宋廷棻因此而授官，饒州司馬，習藝館內，敕賜高級宅第並開始吃皇糧。

從此，五姐妹開始了她們的宦海生涯。宋若倫，宋若荀去世很早。剩下的三個姐妹，可以說各個殊榮加身。其中宋若華最先受封，去世後封為內河郡君。而接若華班的是宋若昭。

宋若昭是宋家姐妹裡風光最久，最為人情練達的。宋若華逝世後，若昭拜尚宮。曆唐憲宗、唐穆宗、唐敬宗三朝，都被尊稱為先生；後妃與諸皇子公主，也要把她當老師對待。宋若昭去世後，被封為梁國夫人，備受尊榮達四十年。宋若昭墓誌由從侄宋申錫撰文，姪女婿徐幼文書，申錫為翰林學士後來在唐文宗時拜相，徐幼文為翰林學士院待詔。足見她地位非比尋常。

做為女人，宋若華和宋若昭無疑是成功人士。這也使得她們非常自信，並以班昭繼承人自居。宋若華和宋若昭合作《女論語》，顧名思義為女子著《論語》，其自信可見一般。

宋家姐妹一生不結婚，發誓獻身事業。而她們在職場上幾十年摸爬滾打，也使她們的思維方式被男人同化。她們的性別認同也發生了異化，事實上成為了名副其實的「女漢子」。而《女論語》就是這樣一部用男人的思維去教育女人的作品。

那麼女漢子是如何教育女人的呢？

《女論語》教育法則1：聽老闆的話，就對了

《女誡》對「敬順」的看法是：丈夫作為妻子的衣食依靠，就像是老闆一樣，必須尊敬。[24]班昭認為，夫妻間過於親密，終生不分離，在室內周旋，這樣時間愈長，容易產生輕慢褻狎。輕褻的事一經發生，話語就會超過一定分寸。話語過分了，放縱恣肆便會產生，這樣侮辱丈夫的想法就會滋生，這是因為不知道適可而止的緣故啊！事情有曲有直，言語有是有非，直的一方不可能不爭論，曲的一方不可能不辯駁，爭論辯駁一經產生，就會有憤怒情緒，這是因為不知道恭順地處於低下地位的緣故啊！侮辱丈夫不加節制，便會緊接有譴責呵斥隨後，憤怒的情緒不停止，就會緊接有鞭打杖擊隨後。作為夫妻，本應以禮義相互親善和睦，以恩愛相互親密合作。鞭打杖擊，哪裡有什麼禮義存在？譴責呵斥，哪裡還有恩愛存在？禮義恩愛都沒有了，夫妻也就要離異了。[25]對於公婆，班昭主張「曲從」，因為公婆妯娌影響丈夫的態度。

而在「敬順」問題上，宋若華姐妹更是給女人們支了一堆招：「夫有言語，側耳詳聽。夫有惡事，勸諫諄諄。」丈夫要說什麼，妻子一定要仔細聽，丈夫要是做了錯事，妻子必須細心勸說。

「夫若出外，須記途程。黃昏未返，瞻望相尋。停燈溫飯，等候敲門。」如果丈夫外出了，要記住他的行程，如果黃昏還沒回來，一定要去迎接他，以防丈夫出現不測，同時熄了燈省油，把飯溫起來，等丈夫回來吃。「夫如有病，終日勞心。多方問藥，遍處求神。百般治療，願得長生。」丈夫如果病了，一定要盡心治療，照顧好自己的丈夫。「夫若發怒，不可生嗔。退身相讓，忍氣低聲。」丈夫如果發怒，千萬不能爭論，一定要忍讓。這是宋若昭姐妹開出的「敬順大法」，簡單的講就是「感情上關愛，生活上關心，身體上關照」全方位的溫暖自己的丈夫，使他無法離開你。和班昭一樣，宋若華姐妹也給自己「聽夫順夫」的說辭尋找了一個理論依據，就是「將夫比天，其義匪輕。夫剛妻柔，恩愛相因。」[26]只是與班昭相比，宋若華的方案制定更加細緻深入。

而對於公婆的敬順，宋家姐妹與班昭的觀點表面相同。但實際上也有區別。「既入他門，合稱新婦。供承看養，如同父母。」[27]雖說是事公婆如父母，但實際上對父母與對公婆不一樣的。說起孝敬父母，宋若華寫道，「每朝早起，先問安康。寒則烘火，熱則扇涼。饑則進食，渴則進湯。父母檢責，不得慌忙。近前聽取，早夜思量。若有不是，改過從長。父母言語，莫作尋常。遵依教訓，不可強梁。若有不諳，細問無妨。父母年老，朝夕憂惶。補聯鞋襪，做造衣裳。四時八節，孝養相當。父母有疾，身莫離床。衣不解帶，湯藥親嘗。禱告神祇，保佑安康。設有不幸，大數身亡。痛入骨髓，哭斷肝腸。劬勞罔極，恩德難忘。衣裳裝殮，持服居喪。安埋設祭，禮拜家堂。逢周遇忌，血淚汪汪。莫學忤逆，不敬爹娘。」《女論語》中女子對親生父母的義務，不論是「饑則進食，渴則進湯」還是「衣不解帶，湯藥親嘗」都體現出子女對父母的深愛。

而對於公婆則完全不同，「敬事阿翁，形容不睹。不敢隨行，不敢對語。如有使令，聽其囑咐。姑坐則立，使令便去。早起開門，莫令驚忤。灑掃庭堂，洗濯巾布。齒藥肥皂，溫涼得所。退步階前，待其浣洗。萬福一聲，即時退步。整辦茶盤，安排匙筯。香潔茶湯，小心敬遞。飯則軟蒸，肉則熟煮。自古老人，齒牙疏蛀。茶水羹湯，莫教虛度。夜晚更深，將歸睡處。安置相辭，方回房戶。日日一般，朝朝相似。傳教庭幃，人稱賢婦。」[28]細細品讀，妻子敬事公婆之道可以簡單的概括為「小心言行，仔細伺候，目不直視，唯令是從。」完全是一種上下級的關係。

宋家姐妹一生不結婚，但是對男人的需求如此了解。在伺候老公和孝敬公婆的問題上，給女同胞們訂出了如此細緻的方案。只能說明一點，就是宋氏姐妹是真的把自己當成了男人。

既然把自己當成男人，那麼男人喜歡處女，喜歡純潔的女人這種心理，宋家姐妹自然也知道。所以「清貞」觀念是《女論語》的另一個主題。

《女論語》教育法則2：什麼都別說，忠誠最重要

《女論語》一開始，就明確提出女性最重要的道德是「清貞」，也就是忠於老闆。「凡為女子，先學立身，立身之法，唯務清貞。清則身潔，貞則身榮」。[29]「清貞」的意思是：端潔安靜之謂清，純一守正之謂貞。「清貞」的來歷是《女誡》中「清閒貞靜」一語，按王相的解釋，「清閒貞靜」的意思是「清，清肅也。閑，整暇也。貞，正固也。靜，慎密也。」簡單的講「清閒貞靜」的意思就是「清靜嚴肅，從容不迫，恪盡操守，細緻周道。」「清閒貞靜」的含義顯然比「清貞」二字豐富的多。

如何做到「清貞」，《女論語》一書也頗有講究。書中寫道：「行莫回頭，語莫掀唇。坐莫動膝，立莫搖裙。喜莫大笑，怒莫高聲。內外各處，男女異群。莫窺外壁，莫出外庭。男非眷屬，莫與通名。女非善淑，莫與相親。立身端正，方可為人。」宋若華的意思是作為女人「別和其他男人鬼混」，最好「不和陌生人多講話」。宋若華、宋若昭苦口婆心，講出了無數男人的心裡話，也省了很多男同胞的事。女漢子對女人的要求有時比男人更加「講究」。

這種講究甚至發展到「苛刻」的程度，不僅在丈夫活著時候要一心一意，死後也要從一而終。所以《女論語》極其強調「守貞」。

「古來賢婦，九烈三貞。名標青史，傳到於今。後生宜學，勿曰難行。第一守節，第二清貞。有女在室，莫出閨庭。有客在戶，莫露聲音。不談私語，不聽淫音。黃昏來往，秉燭掌燈。暗中出入，非女之經。一行有失，百行無成。夫妻結髮，義重千金。若有不幸，中路先傾。三年重服，守志堅心。保家持業，整頓墳塋。殷勤訓子，存歿光榮。」[30]相比之下，班昭對女性「守貞」的要求，不過是「從一而終」與「專心正色」而矣。

宋若華的「貞節」，強調從一而終，與班昭有相似之處，但與班昭比，更加重視丈夫死後的守貞。為了告訴女人們「三貞九烈」不難做到，宋家姐妹還提出了一套「貞烈速成法」供中國的女子學習。如「有客在戶，莫露聲音。不談私語，不聽淫音。黃昏來往，秉燭掌燈……」等等。

和班昭不同，宋若昭為男性考慮不僅局限在家庭生活領域，還擴大到經濟方面。

《女論語》教育法則3：藝多不壓身，能者要多勞

「婦女能頂半邊天」的思想，宋若昭早已深信。只是這個「半邊天」不是地位上平起平坐，而是要求女人要幹活持家，為男人分憂。所以《女倫語》中的「女工」內容非常豐富。班昭對「女工」的要求非常簡單，「專心紡績，不好戲笑，潔齊酒食，以奉賓客，是謂婦功。」[31]《女倫語》則是不厭其詳，大篇幅的羅列了妻子的「工作內容」，「凡為女

子，須學女工。紉麻緝苧，粗細不同。車機紡織，切勿匆匆。看蠶煮繭，曉夜相從。採桑摘拓，看雨占風。滓濕即替，寒冷須烘。取葉飼食，必得其中。取絲經緯，丈疋成工。輕紗下軸，細布人筒。綢絹苧葛，織造重重。亦可貨賣，亦可自縫。刺鞋作襪，引線繡絨。縫聯補綴，百事皆通。能依此語，寒冷從容。衣不愁破，家不愁窮。」[32]

《女誡》中對女工的要求可以分為內外兩方向，對內主要是紡織貼補家用，對外主要是大方得體的接待賓客。

而《女論語》對女工的內容記述更加豐富和細緻，主要有幾項內容：紡織、銷售手工織品、製衣、縫補等等。

宋若昭對好女人的定位是，「既能順從聽話，又能掙錢養家。」非常符合男人心中的期待。她不但告訴女人應該做什麼，還傳授很多「科學知識」，教女人如何幹活。試圖幫助天下的丈夫們，把妻子訓練成「熟練工」。如「看蠶煮繭，曉夜相從。採桑摘拓，看雨占風。滓濕即替，寒冷須烘。取葉飼食，必得其中……」等等。

但對於招待賓朋等場面上的事情，宋若昭則不鼓勵女性參與，「女主內，男主外」的思想比班昭更明顯。「想要促轉變，就得抓典型」，宋若昭、宋若華姐妹非常了解這點。所以，宋氏姐妹在《女論語》中給女子樹立了一堆反面典型。

「莫學懶婦，積小癡慵。不貪女務，不計春秋。針線粗率，為人所攻。嫁為人婦，恥辱門庭。衣裳破損，牽西遮東。遭人指點，恥笑鄉中。奉勸女子，聽取言中。」[33]

宋家姐妹告訴女人們：「不聽我的話，你就被人批評；不停我的話，你就吃不好穿不好；不聽我的話，你就會變笨變傻；不聽我的話，你會丟娘家的臉，而且周圍的人都會笑話你。」這一通威脅恐嚇，充分利用了女人的虛榮心與自尊心，讓天下的女人不敢不聽她的教化。

不過從這種反面的描寫中，可以看出時宋氏姐妹對「女工」不修的擔心。「衣裳破損，牽西遮東。」衣服破了不會補，導致自己和家人都衣不遮體，男人經濟上壓力也會比較大。「女漢子」為男同胞操心真的是無微不至。

《女論語》教育法則4：學「禮」講「理」

《女論語》中的婦人之「禮」，大體包括如下內容：「女客相過，安排坐具。整頓衣裳，輕行緩步。斂手低聲，請過庭戶。問候通時，從頭稱敘。答問殷勤，輕言細語。備辦茶湯，迎來遞去。」「如到人家，當知女務。相見傳茶，即通事故。說罷起身，再三辭去。主人相留，相筵待遇。酒略沾唇，食無義箸。退盞辭壺，過承推拒。」「當在家庭，少游道路。生面相逢，低頭看顧。」[34] 與《女誡》中所說講四德中的「言容德」三德內容相似，但也有變化。「清閒貞靜」被獨立出來。在《女倫語》中，沒有被寫入婦人之「禮」。「婦容」所謂的「盥浣塵穢，服飾鮮潔，沐浴以時，身不垢辱」，也只剩下「整頓衣裳，輕行緩步」寥寥數語。相反，《女論語》對女性站、行、坐等細節都有細緻的要求。在《女誡》中對女人接人待物作了少許的安排。[35]班昭對女性外出，只強調要謹言慎行，著裝不要太「暴露」，儘量少跑趴（party）。班昭似乎不太喜歡交際花式的女人，但也並不過分要求。[36]

宋若昭宋若華則明顯不同，女人接待客人要「備辦茶湯，迎來遞去」，然後隨便說幾句，便要「說罷起身，再三辭去」，難得去朋友家走走，吃飯相處也處處規矩，「主人相留，相筵待遇。酒略沾唇，食無義箸。退盞辭壺，過承推拒」。女人要是尋親訪友或出門辦事，如果依此規矩而行，必然處處不便，真是相見不如不見。

說白了，宋氏姐妹的意思是，一個女人家沒大事您最好就不要拋頭露面，不過話又說回來，有大事女人也不能做主，必須聽丈夫的，所以老老實實呆在家裡，是女人最好的生活方式。

有人說世界上有三種人：男人、女人和女博士（本人無意冒犯女博士）。宋若華、宋若昭無疑屬於第三種人。宋家姐妹實際上是唐朝版的女強人。她們教導天下女人要「以夫為天」，但她們自己卻選擇了「終生不嫁人」，她們不是自己所鼓吹的那種好女人。她們不屑於成為什麼「好女人」，因為「好女人」的標準是她們制定的。

就像今天很多「傑出」、「優秀」獎一樣。在獲得者的眼中，這些是榮譽是對自己付出的認可；而在頒發這些榮譽的「長官」眼中，「榮譽」不過是用來激勵手下的一張紙和一個「虛銜」。沒有一個「長官」會把這些「榮譽」當回事，更不會把那些為了獲得這些「榮譽」而拼命的手下當成和自己平起平坐的人。所以，宋若昭、宋若華從心裡看不起那些被自己鼓吹的「貞節列女」，也沒有拿正眼去看天下的女人。宋家姐妹的性格是錯位的，她們是在用男人的思維去觀察世界，而《女論語》就是這樣一部由「女漢子」寫成的女性教科書。

班昭思想中「男尊女卑」的內容，經過宋若昭、宋若華的放大，逐漸發揚光大，「男尊女卑」成為了一個教條，被要求機械化的遵守。這種思想最終在宋代演化為「餓死事小，失節事大」的宗教化貞節觀。而與此同時，《女誡》中講求實際的思想也被人們所繼承，最終發展為一種實用化的貞節觀。袁采就是其中的傑出代表。宗教化貞節觀與實用化貞節觀互相矛盾有相互補充，共同構成了中國人獨特的「貞節意識」。

肆

當皇帝還是當老闆

——「好男人」論持家

這個世界上有女漢子，也就會有憐香惜玉的男人。袁采就是這樣一個憐香惜玉的男人。袁采的一生少有記載，他是南宋衢州人，大概和著名的朱熹是同一時期。袁采在隆興元年考中進士相當於拿下了博士文憑。「畢業」後被分配到宋朝的「國家信訪辦」登聞鼓院工作。

由於處理信訪工作接觸百姓較多，再加上袁采有多年的基層工作經歷，所以對於百姓家庭糾紛，人情百態有深刻的了解。他完全支持「三從四德」的觀點，因為畢竟丈夫是老闆，是一個家庭的經濟支柱。但是袁采也知道在現實生活中，很多「高大上」的理論很難推行得開。不少妻子在家庭中的兩難處境，袁采看得非常清楚。他非常同情女性的困境，更憂心那些脫離實際的道德說教會被人們遺棄。於是，袁采開始了他的理論攻關。他要讓「三從四德」「男尊女卑」這些高大上的「貞節」理論，變成能代表中國最廣大男人和女人利益的理論。讓這些倫理能夠在民間推得開，做得到。《袁氏世範》就是這樣一部把班昭的理論實用化，世俗化的女學著作。袁采沒有突破什麼，但是卻有不少創新。袁袁的「貞節觀」視野更廣闊，站的角度也與哪些高唱「餓死事小，失節事大」的人不同。袁采當然也是在為男人著想，但是他考慮問題的中心是「家」而不是丈夫。在袁采看來，鼓勵女人守「貞節」不是為了把女人踩在腳下，而是要建立一個以男人為中心的幸福之「家」才是根本目的。袁采告訴男人們，要想有個幸福的家，就必須關心老婆，老婆是用來「疼」的，不是用來「壓迫」的。因為哄著老婆鼓吹「男尊女卑」，主要是為了幫助男人們把「家」管好，但如果男同志玩的太過分，把「家」玩散了，所有的努力等於白費。袁采是個不折不扣的「顧家男人」，維護「家」的穩定，提高「家」的品質才是他思考的重點。

對於「三從四德」等「貞節禁忌」這些教條，袁采認為應該「會其意圖，不拘形式」，並主張從三個方面提高「家庭生活」的品質，使「家」更和諧更溫暖。

女怕嫁錯郎，男怕娶錯娘

對於婚姻，雖然袁采贊成按「父母之命」行事，但他考慮問題的角度卻與別人不同，他覺得父母在給子女選對象時應該更加「人性」一點。

袁采眼中，結婚就是一種交換。古人用門當戶對來形容，用今天的話說就是婚姻要講究的是資源優勢互補。年輕人喜歡童話。但童話往往經受不住考驗，年輕人嚮往「流星花園」一樣的愛情。但現實中，高富帥的「道明寺」們很難對「杉菜」一心一意，而白窮美的「杉菜們」在傍上「道明寺」時也難保不是另有所圖。門不當戶不對，跨階層的婚姻對於結婚雙方來說，風險都很大。而老人看問題更實際，所以袁采建議找對象時，天下的子女們應該多聽聽老人的話。

婚姻既然是一種交換，那麼等價原則和優勢資源互補的原則也必然得到貫徹。雖然偶爾會有特例，但不會太多。作為一個「信訪幹部」，袁采知道結婚只是婚姻生活開始的第一步。所以袁采告訴男孩們不要以為騙個老婆到手你就能萬事無憂，同時也告訴女孩子們，不要以為嫁入豪門就能一生幸福。

對於天下的父母們，袁采根據自己多年的基層工作經驗提出了自己的「找對象」竅門。什麼「女孩嫁房子，男孩娶戶口」這類例子袁采看的太多，他覺得這些婚姻觀太現實，也太不成熟了。在袁采看來，年輕人「帥哥美女」式的擇偶觀是找「一夜情」的標準，不是找老婆或找老公的標準，所以結婚應該聽「父母之命」；但很多父母給孩子物色對象時，非「富二代」不要更是釣魚的心裡，也不是結婚應有的態度。袁采建議天下的父母們一定要三思而行，具體來說就是既要有知人之智，又要有自知之明。「議親貴人物相當」，該看重的是「人物」本身，而非對方家產與權勢，「男女議親，不可貪其閥閱之高，資產之厚。」[37] 蔡襄在《福州五戒》曾說：「觀今之俗，娶其妻不顧門戶，直求資財，隨其貧富。」鄭至道《琴堂諭俗編》也提到過這種婚俗：「今之世俗……將娶婦惟問資裝之厚薄，而不問其女之賢否。」清代的人都太俗了，結婚不論是嫁還是娶，就看你有沒有錢。女孩有錢不論美醜大家都爭著娶，男人有錢不論老少姑娘們都爭著嫁。《蝸居》式的婚姻，結果多數固然不會太好。但是專挑錢財，不看人品的婚姻，也不會太幸福。如何避免犯這種錯誤？袁采的看法是，當父母的要有自知之明，對親家挑三揀四之餘，也要看看自己的孩子有幾斤幾兩。「自量我家子女如何」，做到「人物相當」。

如果是「人物不相當」，後果往往很嚴重。「有男雖欲擇婦，有女雖欲擇婿，又須自量我家子女如何。如我子愚癡庸下，若娶美婦，豈特不和，或有他事；如我女醜拙很妒，若嫁美婿，萬一不和，卒為其棄出者有之。凡嫁娶因非偶而不和者，父母不審之罪也。」[38]男方「愚癡庸下」卻「娶美婦」。搞不好會被扣個綠帽子，而且可能引發婚變；女方「醜拙很妒」卻「嫁美婿」，「萬一不和」則很可能被「離棄」。「魯蛇男」娶公主或是「魯蛇女」嫁個什麼「二代」，對於結婚的雙方來說，其實未必是好事。

至於「媒妁之言」，袁采根本不相信。古人謂：「周人惡媒」，以其言語反復。給女家則曰：「男富。」給男家則曰：「女美。」近世尤甚。給女家則曰：「男家不求備禮，且助出嫁遣之資。」給男家則厚許其所遷之賄，且虛指數目。若輕信其言而成婚，則責恨見欺，夫妻反目，至於仳離者有之。大抵嫁娶固不可無媒，而媒者之言不可盡信。如此，宜謹察於始。媒人說的話誇大其詞，對男方說女孩漂亮且富有，對女方說男方富貴且不求陪嫁。所以媒人的話不能太相信，當父母的必須認真調研。

「好的開始是成功的一半」，男人要想有個好「家」，娶對媳婦、嫁對郎是第一步。

老公要寵，老婆要哄

夫妻生活中，「家」的穩定始終是袁采考慮的中心。結婚以後，「家」事實上屬於夫妻兩個人，儘管男人在權力上大過女人，但是很難想像如果女性對婚後的生活採取「非暴力不合作」的態度，甚至消極抵制，這個「家」會過成什麼樣子。所以袁采告訴男人們，如果你想結婚後過的幸福美滿，就需要把老婆「哄」好。如何「哄」好老婆？袁采提出了兩點建議。

第一條，家裡遇到事情，男人們不要太大男子主義，應該適當聽聽妻子的意見，家裡應該有點「民主」氣氛。

在日常生活中，夫妻雙方「銅鍋碰鐵勺」，擦出火花是難免的。對於夫妻矛盾，袁采也主張女人要曲從，但是他的「曲從」更有人情味。「積忿無所發，惟可施於妻孥之前而已。」「妻孥能知此，則尤當奉承。」[39]男人在外邊工作辛苦，「壓力山大」難免心情不好，回家愛拿老婆出氣，妻子要多理解自己的丈夫。袁采又告誡天下的女人，在言語上，不說刻薄寡恩的話，因「人家不和，多因婦女以言激怒其夫及同輩」[40]在衣著上，強調「婦女衣飾惟務潔淨。尤不可異眾」。」「衣飾獨異，眾所指目。」[41]袁采的邏輯很簡單，男人要掙錢養家，所以女人要賢慧，不要拿一些雞毛蒜皮的事情去煩自己的老公，也不要生是非給老公添堵，這樣男人才能一心給家裡掙錢。所以，袁采的「敬順」觀仍然是以「家」為中心，他實際上是在告訴女人：對丈夫「敬順」一點，丈夫才能更好的工作養家，家才能興旺發達，家經營的興旺了，你自己也才能有好日子過。但是如果男人是「扶不起來的阿斗」怎麼辦？袁采也提出了補救的措施，那就是婦人持家。

因此丈夫們在處理「外事工作」時，也要多和老婆協商。

作為男人，袁采當然沒有「大度」到鼓勵女人造反的程度。但是作為一名「信訪幹部」袁采太清楚一些男人的「德行」，也很了解女人的苦衷。袁氏也主張「男主外，女主內」，認為「婦人不必預外事」。但是有些家庭偏偏是「夫與子不肖」，以至傾家蕩產，遇到這種情況女人也就跟著倒楣了。所以袁采認為女人不管外事，前提是男人必須爭氣，「婦人不預外事者，蓋謂夫與子既賢，外事自不必預。」但如果男人無德無才，女人要是堅持不預外事，結果會很嚴重。「今人多有遊蕩、賭博，至於鬻田園，甚至於鬻其所居，妻猶不覺。然則夫之不賢而欲求預外事何益也！子之鬻產必同其母而偽書契字者有之。重息以假貸而兼併之人，不憚於論訟，貸茶、鹽以轉貸，而官司責其必償，為母者終不能制。然則子之不賢而欲求預外事何益也！此乃婦人之大不幸，為之奈何？苟為夫能念其妻之可憐，為子能念其母之可憐，頓然悔悟，豈不甚善！」（卷一・婦人不必預外事）如果丈夫和兒子都是無能之輩，作為妻子不可能坐視不理。事情到了這個程度，保住一家人的吃喝才是最重要的，什麼「誰主外，誰主內」的禁忌也就顧不上了。如果妻子要是有本事，此時必須果斷介入「外事」，把丈夫或兒子留下的「爛攤子」接管過來。一家人走投無路，丈夫兒子都束手無策時，「家」也就只能依賴女性的賢德聰慧維持了。「婦人有以其夫蠢懦而能自理家務、計算錢穀出入，人不能欺者；有夫不肖，而能與其子同理家務，不致破家蕩產者；有夫死子幼而能教養其子，敦睦內外姻親，料理家務，至於興隆者。」（卷一・寡婦治生難托人）如果家庭是一個職場的話，老闆沒本事，公司的生存就必須依靠員工的敬業。袁氏並不認為妻子干預「外事」是越權之舉，如果丈夫無力養家，為了為了這個「家」，女人必須「出去打拼」，並把丈夫的活接過來，袁采管這種「攝丈夫政，監兒子國」的老婆叫做「賢婦人」。

說白了，夫妻同處一個屋簷下，女人的智商也不低。作為丈夫不論「內事外事」多和老婆商量沒壞處。否則，您自己一言堂，最後把事情辦砸了，全家人受苦不說，老婆重則摔盆砸碗，輕則沒完沒了的碎碎念，男人的日子就別想過好了。袁采建議天下的男人要以「家」的利益為上，不要太大男子主義，不論「內事外事」多和老婆商量。

袁采的這種觀點雖然沒有突破「敬順」的界限，但是他不同意婦人一味服從，主張婦女也應有干預家庭事務的權利，而且在非常情況下，婦女應該果斷干預「外事」。這種有條件的「敬順」是對現實的一種變通與妥協，更有人情味，更貼近市井生活，也更易於被女同胞們接受。

拒絕多角戀，不練劈腿功

袁氏很強調男人的自制，他告誡男人們，身邊美人太多，會被人惦記，被美女簇擁著，男人們自己感覺良好，實際上離惹禍上身已經不遠了。[42] 袁采主張男人應該與美女保持適當的安全距離，別給自己招來災禍，破壞了自己正常的家庭生活。他警告男人們綠珠的故事就是前車之鑑。綠珠是西晉著名的美女，才華也很出眾。她曾經作詩一首，歌頌王昭君「我本良家女，將適單于庭。辭別未及終，前驅已抗旌。仆御涕流離，猿馬悲且鳴。哀鬱傷五內，涕位沾珠纓。行行日已遠，遂造匈奴城。延我於穹廬，加我閼氏名。殊類非所安，雖貴非所榮。父子見淩辱，對之慚且驚。殺身良不易，默默以苟生。苟生亦何聊，積思常憤盈。願假飛鴻翼，乘之以遐征。飛鴻不我顧，佇立以屏營。昔為匣中玉，今為糞土塵。朝華不足歡，甘與秋草屏。傳語後世人，遠嫁難為情。」詞意淒涼婉轉，其才情亦可見一斑。後來石崇用十斛珍珠將她買來。每次請客，石崇都讓綠珠跳舞助興，結果看過的人都被綠珠的美貌驚得掉下巴。

終於，等到石崇失勢了。一些人開始打起了綠珠的主意。其中有一個人叫孫秀，依附趙王司馬倫最終得勢。孫秀暗慕綠珠，過去因石崇有權有勢，他只能意淫一下而已。現在石崇一被免職，他明目張膽地便派人向石崇索取綠珠。那時石崇正在金穀園登涼臺、臨清水，與群妾飲宴，吹彈歌舞，極盡人間之樂，忽見孫秀差人來要索取美人，石崇將其婢妾數十人叫出讓使者挑選，這些婢妾都散發著蘭麝的香氣，穿著絢麗的錦繡，石崇說：「隨便選。」使者說：「這些婢妾個個都豔絕無雙，但小人受命索取綠珠，不知道哪一個是？」石崇勃然大怒：「綠珠是我所愛，那是做不到的。」使者說：「君侯博古通今，還請三思。」其實是暗示石崇今非昔比，應審時度勢。石崇堅持不給。使者回報後孫秀大怒，勸趙王倫誅石崇。

趙王倫於是派兵殺石崇。石崇對綠珠嘆息說：「我現在因為你而獲罪。」綠珠流淚說：「願效死於君前。」綠珠突然墜樓而死，石崇想拉卻來不及拉住。石崇則被亂兵殺於東市。如果男人玩心太重，與美女走得太近（無疑詆毀美女），石崇的下場就是一個教訓。

但是不是每個男人都能得到像綠珠一樣傾國傾城的美女，即便沒得到綠珠，男人拈花惹草也會給自己和家庭招來麻煩。那麼這些「花花草草」是如何破壞男人們的家庭呢？袁采列舉了兩種常見的教訓教育人們。

第一種，「人有婢妾不禁出入，至與外人私通。有妊不正其罪而遽逐去者，往往有於主翁身故之後，自言是主翁遺腹子，以求歸宗。旋至興訟。世俗所宜警此，免累後人。」

男人老是惦記著自己身邊的婢女丫鬟等女下屬，卻不用心思關心老闆娘，要知道這些「女下屬」也並不專情。她們一邊討好「老闆」之餘，時不時也會找其他男人尋求點「心靈慰藉」。可憐這些一家之主的男人們一不小心會被戴綠帽。要是有私生子更麻煩，等自己死後，那些私生子搞不好還會以認親為由，跑到家裡來冒充是你親生兒子，侵吞你的家產。到那是當事人都已入土死無對證，宋朝那會又沒法做DNA檢查。這些假兒子十有八九能渾水摸魚成功。所以男人太好色真的不是好事，不僅自己賠了夫人又破財，搞不好還要禍害子孫。

第二種，「人有以正室妒忌，而於別宅置婢妾者；有供給娼女，而絕其與人往來者。其關防非不密，監守非不謹，然所委監守之人得其犒遺，反與外人為耳目以通往來，而主翁不知，至養其所生子為嗣者。又有婦人臨蓐，主翁不在，則棄其所生之女，而取他人之子為己子者。主翁從而收養，不知非其己子，庸俗愚暗大抵類此。」[43]第二種情況，就更加有故事性，也更加市井。

有些男人自作聰明，覺得老婆妒心太重。想找幾個美女在身邊，結果被老婆搞得雞犬不寧，於是就想了個辦法，在外邊另找住處「養小三」，給自己搞幾個「行宮」，並派人看管自己的「小三」。這種情況下袁采告訴男人們，戴綠帽的可能性還是有的。首先負責看管的人就不可靠，他可能會與「小三」眉目傳情，或是被外人買通。到時暗結珠胎懷上別人的孩子，丈夫卻不知道。或者還有一種情況是，男人身邊美女太多，往往關照不過來，萬一其中那個一懷孕發現生的是女孩，於是就偷偷把女孩扔掉，抱個別人的男孩來頂替，結果男人不知道，誤把他當自己親生的孩子養。

說到底，老婆和小三，家庭生活與婚外情其實是不兩立的，所有愛你的女人都是妒忌的，每個妻子發現丈夫有小三，沒有一個人會不發火，除非她不愛自己的丈夫。[44]女人妒忌是天性，娶老婆的男人「性福」肯定會受限；而追求「性福」的男人，您就別想好好的娶個老婆過小日子。娶媳婦與搞婚外情之間的矛盾是不可調和的，男人們想要心機兩者兼得，您最好死了這條心。

縱欲無度，不但會破壞家庭「和諧」，而且會給別有用心之人以可乘之機，干擾家庭財產的分配與繼承。為了「家」的穩定，袁采一方面主張男人要看好自己的女人，對於外面的「帥哥」，家中的「僕役」都加點防範；另一方面，袁采也反對男人尋花問柳，非常反感男人搞「婚外情」和娶小老婆，因為一個男人身邊女人太多，難保不會有人「紅杏出牆」。儘管他不是站在男女平等的角度，但他的觀點在當時是有先見之明的，同時具有很強的現實意義，少了很多空洞高深的說教。

地久天長持好「家」

男人們的後事應該如何安排，對「家」的存亡有重大影響，這一點袁采也替男人們想過了。如果丈夫去世了，「家」要想維持下去，就必須給女人們安排好出路。

袁采對女性懷有樸素的同情，「大抵女子之心最為可憐」，[45]而年老的婦女猶其可憐，人言「光景百年，七十者稀」，為其倏忽易過。而命窮之人晚景最不易過，大率五十歲前過二十年如十年，五十歲後過十年不啻二十年。而婦人之享高年者，尤為難過。女人其實挺不容易的，年輕時候也許能享受點富貴，也要看出身和親人，如果有個好爹好兄弟，沒結婚時候可能是個小公主，但是結了婚後，生活與身價會一路貶值，從公主變成女人，最後變成祖母阿婆。所以年輕時女人可能有點幸福時光，但是老了以後通常會很孤獨貧困。[46]

宋朝那時沒有養老保險，所以女人年老後只能依靠兒子贍養。因此袁采說「有好夫不如有好子，有好子不如有好孫。」作為一個顧家的好男人必須要採取點措施，保證在自己去世後，「家」依然能正常運轉。老婆一多難免互相爭風吃醋，勾心鬥角。男人在分配財產時必須高瞻遠矚。「遺囑之文皆賢明之人為身後之慮。然亦須公平，乃可以保家。如劫於悍妻黠妾，因於後妻愛子中有偏曲厚薄，或妄立嗣，或妄逐子，不近人情之事，不可勝數，皆所以興訟破家也。」[47]

男人一定要高姿態，不要管女人們之間如何互相拆臺，子女分配財產必須一視同仁，這樣才能保證「家」和萬事興。否則，男人要是耳根太軟，經受不住剽悍妻子或是狡猾小妾的枕邊細語，對子女厚此薄彼，一定會留下後患，不僅各個老婆之間有打不完的官司，子女們也會手足相殘。

對於沒孩子的女人，袁采的辦法就是安排過繼，但是過繼也要有規矩。袁采告訴男人們，如果你的妻子沒有孩子，想過繼別人的孩子，為了這個「家」著想，「過繼」時一定不要忘記做「財產公證」。

「姑、姨、姊、妹及親戚婦人。年老而子孫不肖、不能供養者」，「不可不收養」，但必須有所關防。當事人須先做一個被收養的公開聲明，然後再對其財產做公證，「質之於官，稱身外無餘物」，以免在她死後，其不肖子孫「妄經官司，稱其人因饑寒而死，或稱其人有遺下囊篋之物」。[48] 如果不做財產公證，等到長輩都去世了死無對證，這些過繼子孫很可能會借機騙取財產。

袁采的觀點多從現實出發，以人情為本，談論為人處事，因此他的觀點得到當時很多人的贊成。鄭景元說：「昔溫國公嘗有意於是，止以《家範》名其書，不曰：『世也。』若欲為一世之範模，則有箕子之書。在今，恐名之者未必人不以為諂，而受之者或以為僭，宜從其舊目。」[49]

袁采還是主張家裡應該是男人當「老大」，而且男人應該對自己的妻子「管教」嚴格一點，防止出現感情危機和第三者插足。袁采並不是一個「女權主義者」，但他的「男權主義」是有條件的。比如，男人都喜歡美女，但是袁采認為如果您是一個「魯蛇」那你最好不要碰「女神」；男人都「喜新厭舊」但是如果您沒有超強的管理能力，就別往懷中攬太多花草；男人都喜歡「當老大」，但如果您頭腦不夠用，就多和老婆商量，凡事不要勉強。

袁采是一個「顧家」的男人，在他眼中，要求女人守「貞節」不是為了讓男人過一把當皇帝的癮，而是為了打造一個幸福和諧的家庭。因此不論是「貞節」的提倡，還是「男尊女卑」、「男主外女主內」這些原則的落實，必須建立在「家和萬事興」的前提下。如果女人持家能夠旺夫興業，男人和女人誰主外、誰主內都可以商量，如果遇到某些特殊情況，女人想要「離婚」或者「再婚」也不是完全不行。

伍

真話還是假話

——口是心非話貞節

在漫長的封建時代，一方面是「貞節」觀念日益神聖化，國家甚至將「貞節」提高到國策的高度，在國家機器的鼓吹下，貞節的觀念由「禮」而入「法」變成了法律規範的重要內容，也成了「法官」量刑定罪的重要依據，「貞節列女」的稱號更成為女人的最高道德榮譽。

但中國人對榮譽，向來是只學習而不實踐。如果你只看書本上那些道貌岸然的說教，那你就會被書本上的東西所蒙蔽。就如同你翻開報紙，看到滿紙的「為人民服務」的主旋律，絕對想不到貪官汙吏的橫行。如果你只看各種集會上成千上萬人高呼「學習雷鋒」（編按：中國官方提倡學習共產主義的榜樣），那你絕想不出社會上種種見死不救的冷漠。

對高尚，中國人一向喜歡「說一套做一套」，對「貞節」也是如此。這種「說一套做一套」的貞節觀，從班昭就已經開始了。班昭將「恪守貞節」視為一種女性生存手段，但她用了一堆高大上的道德理論來為自己掩飾，最終形成了宗教化與實用化兩種不同的貞節觀。

一種觀點認為，在生活中，對於「三從四德」、「從一而終」等基本觀點，應當無條件的執行，可以稱其為女德的「基本教義派」。另一種觀點則認為，「三從四德」「從一而終」等核心價值是正確的，但在實踐中需要靈活變通，「全大義而不拘小節」，對「貞節」抱著一種實用主義的態度，我們可以將其稱之為「實用主義者」。

到了清代，兩種貞節觀都日趨完善，並逐漸定型。對於女人的「貞節」問題，清朝人「說一套」都說了什麼，而「做一套」又是怎麼做的，兩者之間有什麼區別呢？

其實不論是實用主義者還是基本教義派，雙方都認為男尊女卑是不可動搖的，因為男人畢竟是女人生活的依靠。但是女人應該如何伺候好自己的老公，如何和老公及其家人相處，雙方卻有不同的看法。

嘴上說的「貞節」頭頭是道，其實不切實際

中國人嘴上說的「貞節」從來都是一塵不染，高大無比的。清人「口」中的「貞節」大體包括以下幾個方面的內容。

強調「七出」

七出是指「不順父母、無子、淫、妒、有惡疾、口多言、竊盜」。「七出」作為一種長期存在的單方面解除婚姻關係的制度，在社會上始終約定俗成，但在《女誡》和《女論語》中，始終沒有明確記入。

在《女論語》中，對七出的條件有如此描述。「咆哮尊長，說辛道苦。呼喚不來，饑寒不顧。如此之人，號為惡婦。天地不容，雷霆震怒。責罰加身，悔之無路。」這是對不順父母的描述。[50]

「莫學他人，不知朝暮。走遍鄉村，說三道四。引惹惡聲，多招罵怒。辱賤門風，連累父母。」這算是對口多言的批評。

「迎賓待客，不可偷侵。大富由命，小富由勤。」[51] 這是《女論語》中能找到的對竊盜的提醒。

可見在《女論語》的時代，「七出」作為一種約定俗成的規則，還遠沒有上升到女德的高度。「無子、有惡疾」儘管是離婚的合理條件，但都還不算女性的失德行為。

到宋、元以後，離婚規定的實行逐漸變得更嚴格。宋代的士大夫覺得離婚是一件很丟臉的事情，所以本著「寧拆十座廟，不壞一家人」的原則，能不離婚就不離婚。因此雖然法律規定上仍延續唐律的規定，但執行上更加嚴格防止男人濫用離婚權，為了規範離婚行為，宋代開始推行離婚契約制度，也就是休書。想離婚男人必須寫下字據。並且交給官府備案審核。「七出」變成了法律規定，實際上是為了防止被男人們濫用。

七出的規定在清代更加嚴格，藍鼎元在《女學》卷一就開宗明義的講明此理：「女人就得聽話，要三從四德，否則就不能要，男人就得和她離婚。」[52]

「女德」包羅萬象

班昭的「女德」就是指「四德」即「婦德、婦言、婦容、婦工」。而到清代，「女德」的範疇極大的擴展。什麼叫有德的女人呢？說起來包羅萬象。清人這樣說：「女人最重要的是有德，什麼叫有德呢？在婆家要伺候好丈夫，其次是公婆，然後還要和家人和睦相處。在娘家，要伺候好自己的父母。如果您很幸運是大老婆，那就要大度點，提攜丈夫的那些小老婆。如果你嫁了個魯蛇，那你就要安貧樂道，如果你嫁了個高富帥，那也得節儉算計著過日子。要重情義，要從一而終，對自己的孩子要嚴加教育，對丈夫的小三小四生的孩子或者是私生子，也得包容大度多關懷，對上要敬著，對下人也不要太欺負，不要亂搞封建迷信，婦德就差不多這些吧。婦言主要是，多勸解丈夫的魯莽行為，多教育孩子，其他廢話少說；著裝方面，就是乾乾淨淨不要太招人。幹活方面就是，洗衣做飯，養蠶等家務事要多幹。」[53]

孝敬老人，和睦叔妹，勤儉節約等等都被融入了「女德」的範圍，只要家裡鬧矛盾，幾乎都被認為是由於女人「失德」造成。也的確是這樣，如果妻子都能任勞任怨操勞家務，還能忍辱負重協調好家裡各種關係，最好再能有點經濟頭腦，掙錢養家，那家裡必然一片和諧。國有一個聖人則國興，家要是能有個「女聖人」則家和。

女人如何才能成為家裡的「聖人」，如何才能有德？這需要女人在結婚後，進行一系列的自我升級。清人認為女人要想在結婚後升級為「女聖人」必須堅持學習加工作兩不誤，既要明白事理，又要大公無私，嚴於律己同時還能寬以待人。[54]具體辦法用四句話概括：「對待家人要像春天般的溫暖，對待家務要像夏天一樣火熱，對待個人主義要像秋風掃落葉一樣，要把有限的生命投入到無限的為家庭服務中去」。

反對「妒婦」

男人最反感老婆的地方是什麼？恐怕除了出軌外就是「妒忌」。所以男人們歷來把「妒忌」說成是女子的一大「惡德」。「五刑之屬三千而罪莫大於妒忌，故七出之狀標其首焉！」[55]「妒忌」真的是罪大惡極。很多道學家和男人們，真的不理解女人為何「妒忌」。在他們心中，男人是家裡的老大，多找幾個老婆有什麼不好？

筆煉閣主人在書中說道：「最怪世上有等嫉妒婦人，苦苦不許丈夫蓄妾，不論有子無子，總只不肯通融。乃至滅不過公論，勉強娶了妾，生了子，或害其子並害其母，如呂氏殺戚夫人故事，千古傷心；又或留其子而棄其母，如朱壽昌生母為正夫人所棄，直待兒子做了官，方才尋得回來。紅顏薄命，不幸為人侍妾，卻受這般苦楚。」[56]

筆煉閣主人憑著以男性為中心的思維對婦人的「妒忌」深感莫名其妙。同樣難以理解的還有很多人，於是人們將這種「妒忌」解釋為「前世的冤業」，以佛教的輪回思想釋之。

謝肇淛在《文海披沙摘錄》中這樣寫道：「人有妒婦，直是前世宿冤，卒難解脫。非比頑嚚父母，猶可逃避；不肖兄弟，僅止分析；暴君虐政，可以遠遁；狂友惡賓，可以絕交也。朝夕與處，跬步受制。子女童僕，威福之柄，悉為所持；田舍產業，衣食之需，悉皆仰給。銜恨忍恥，沒世吞聲，人生不幸，莫此為大！蜀有功臣，家富聲妓，其妻悍妒，未敢屬目。妻死之日，方欲招幸，大聲霹靂，起於床簀，遂驚悸得病而卒。秦石某為騎將，苦妻之妒，募刺客殺之，十指俱傷，卒不能害，如此數四，竟與偕老。沈存中晚娶張氏，常被棰楚，拔其鬚髮，血肉狼籍。及張氏死，人皆為之慶，而存中神氣索寞，月餘亦卒。國朝楊大司農俊民，老而無子，妻悍尤甚，侍婢有孕者，皆手擊殺之，楊竟憤鬱暴卒。布衣黃白仲亦遭此困，無食無兒，豈非宿冤哉！」

男人受「妒婦」之害真的太深了，不僅貧民百姓，連一些功臣大將也不能倖免。四川有個功臣，想找幾個美女，結果被老婆嚴厲懲治，好不容易熬到老婆快要死了，想臨幸一下其她女孩，結果床頭傳出一聲大吼，硬是把這位功臣嚇死了。這位老兄一生，「肉」在眼前卻不能吃，能吃時卻大限來臨，這輩子真的太虧了。更有甚者，著名的大科學家沈括，老婆極其兇悍，經常把他的鬍子生生拔下，搞得沈括鮮血淋漓。結果沈括受虐成癮，老婆死後沒人虐待了，反而神氣索寞，沒過月餘就去世了。經謝肇淛這麼一說，妒婦真的是把男人害的不輕。其實謝肇淛的邏輯是，男人掙錢養老婆，力有盈餘在找幾個「小三」「小四」有何不可，又沒少妻兒吃喝，作為妻子大發「妒忌」之情簡直莫名其妙。因此，清朝人不斷的告誡女子，一定要「戒妒」。「夫是你天，不可欺心，天若塌了，那裡安身。也休要強，也休撒暴，懼內淩夫，世人兩笑。夫不成人，勸救須早，萬語千言，要他學好。相敬如賓，相成如友，媟狎謔戲，夫婦之醜。久不生長，勸夫娶妾，妾若生子，你也不絕。家中有妾，快休嚷鬧，鄰家聽的，只把你笑。」[57]以夫為天，所以要無條件服從；夫不成器，也要一勸再勸，苦口婆心，不能嫌棄。無後要主動勸夫娶妾，而且要與妾相處如姐妹一般，不能與夫爭吵。家裡有妻妾是一大危險的事情，當女人一定要學習娥皇女英，兩個女人一起侍奉一個男人，還能彼此謙讓，快樂的生活。[58]

這才叫有境界的好老婆。婦女們如何克服「妒忌」這種本能呢？「女無美惡，入宮見妬，此婦人常性也。女宗於夫之外妻，不直不妒，又厚遇之。以是相與，而夫不感其賢，妾不樂其德，以釀一家之和氣者，未之有也，可為婦人之法。」[59]女人一定要學會換位思考，男人嘛都喜新厭舊，所以看看自己的老公因為自己而不敢碰喜歡的女人，作為妻子於心何忍！您的老公實在忍不住了才娶個小三，多老實的男人呀，作為妻子總要心疼自己的丈夫吧，所以要理解自己的丈夫。你理解丈夫，丈夫也就會理解你。丈夫和小三就會感謝你，於是一家人便會一團和氣了。

崇拜「貞節」

班昭在《女誡》中提出「清閒貞靜」的主張，宋若華將其演繹為「清貞」的理論。但明清以後，「女貞」更加局限於對女性生殖器官的苛責，充滿著男人的「處女」情節。

那麼為什麼男人可以去出軌而無所顧忌，但女人卻必須守身如玉，老老實實當個處女呢？清人的觀點是，男的是幹大事的，在外邊闖蕩江湖。所以男人做大事，下半身的小節也就不哪麼重要了，但是女人不一樣，女人只是負責家裡這點小事，所以對女人來說名與節系於一身。貞操問題就太重要了，守身如玉時間愈長愈值錢，如果失身了，做多少好事也不能彌補你品德的缺憾。[60]甚至如班昭這樣的女聖人，在明清時代也被視為「大節有虧」。

文人們接著恐嚇女子們：「班昭厲害不厲害，一失身結果人生有了大汙點。蔡文姬、李易安、朱淑貞寫了多少詩文，結果失身了，所以哪朝哪代的貞節列女都沒他們的份。所以女人追求歷史留名的關鍵是下半身，至於什麼事業成就都不重要。」[61]

明清時代，對女性「貞操」的要求幾近苛刻，「忠臣不事兩國，列女不更二夫」[62]「青之代素，忠也。不受辱，貞也。忠貞兩字，士君子且難，況婢女乎！」將女性的「貞」與男性對君主和國家的「忠」相提並論，至此明清時代的「貞節」觀，也就走向了宗教化和極端化。

露筋廟的故事就比較典型，江南有一女孩，和嫂子一起路過高郵，半夜打雷下雨，蚊蟲很多，除非睡帳篷，但是帳篷只有一頂。已經有男子睡在其中，男子招呼她們也進來睡，嫂從之。女孩說：「男女有別，我不進去」於是就睡在草叢中。這樣走了幾天，被蚊蟲咬死。筋骨都露了出來。士人立祠祀之，世傳為露筋廟。[63] 後來清初的一位和尚岑霽寫了首詩歌頌這位女子，詩中寫道：「沙草淒迷煙樹昏，荒祠寂寞托貞魂，靈旗高卷秋風晚，惟有清淮照墓門。」岑霽出家後，一邊當和尚一邊侍奉母於柏堂以盡子道。母親死後據說是一心修行。他的詩詞相傳清澈至極，但其為人如何卻不可知，只是脫俗至極的詩詞讓岑霽的聲名在紅塵中逐漸遠播，很多明星大腕各級長官都來與他交朋友。「荒祠寂寞托貞魂，惟有清淮照墓門。」不知是在歌頌那位不知名的列女，還是吹噓岑霽自己。

在清代，人們嘴裡的「貞節觀」已經高大上到無以復加的程度，強調女性對男性的絕對服從，同時還彌漫著濃重的處女情節。但這種「貞節」基本上只是用來宣傳與鼓吹的，真正走到生活實踐中，中國人對貞節卻是確實另一種態度。

現實生活中更人性化的「貞節」實踐

明清代的中國人，又是如何實踐「貞節」的呢？這就要談談古代實用主義的貞節觀。實用主義的「貞節」觀最初來源於對女性的同情，隨後超越了大男子主義的狹隘情緒，加入了對「家」的人文關懷。這種實用主義的貞節觀雖然不是官方高大上的主旋律，但卻是小民百姓自覺遵守的行為準則。

反對未婚守貞

如歸有光說過：「女人為丈夫守貞，除非她已經結婚，但是結婚哪那麼容易呢，從相親到登記按規矩得六禮齊備，少一樣也不算結婚，但是如果婚還沒結完，女孩還沒變成人妻，也就是沒有合法丈夫，哪談的上為丈夫守貞。」[64]女孩只應該為自己的丈夫守貞節，如果女孩還沒和你正式登記，就不是你的老婆，有什麼義務為你守「貞節」？就算是網購，您要是光下單不付款，商家也不可能把東西給你保留一輩子，更何況是正值花季的少女、姑娘。

寬容寡婦再婚

袁采說過「而夫死子幼，居家營生最為難事。」[65]

對於寡婦再嫁的，明清的一些學者的態度是，主旋律是好的，正能量必須弘揚，但是在執行時要具體問題具體分析。清初理學家張履祥認為，寡婦是否應該再嫁，不能一概而論。[66]

不僅是一些知識份子對婦女再婚問題抱有寬容的態度，老百姓更是自覺地照此去做。《閱微草堂筆記》中記錄了一個故事：一個遊士以書畫為生，在京師納一妾。後來遊士得了重病，在他將要死的時候，對其妾說：「我沒房子，你沒地方去，我沒親戚，你沒人可以依靠，我靠筆墨謀生，你不識字，沒法掙錢養活自己，如今我要死了，你要改嫁就如同琵琶別抱也是情非得已大勢所趨，我理解你。」[67]

再婚問題，情勢所迫，很難避免。高呼「餓死事小，失節事大」的大多是吃飽了的人；真正餓肚子的人，沒有幾個會去考慮什麼「節操」問題。人包括女人首先是一種動物，生存才是第一位的。

反對纏足與納妾

《醋葫蘆》中的成某，[68]年已六十餘歲，且都氏管束甚嚴，但其為與其妾的丫環翠苔私通，可謂處心積慮。其自述，「未破瓜的女子，我也受用些過！要去舊相與的門戶人家趣趣」。男人的生活不儉點，女性就會報之以妒忌。

俞正燮在《節婦說》中講到：「婦無二適之文固也。男亦無再娶之儀」。俞更進一步闡述：「古人男女愛情說終身不改，是對男女雙方說的，現在男人自己做不到，卻舔著臉要求女人婦不二適，真是無恥至極。」[69]

老百姓反對納妾，主要是覺得找小老婆花費太多，並且造成家庭不和。

纏足也是明清時代持實用主義貞節觀的學者非常反感的風俗。

俞正燮反對纏足，認為女子纏足是「陰弱則兩儀不完」。俞正燮反對纏足的理由主要有兩個，一是認為纏足把女子搞的身體虛弱；二是纏足是舞者的戲裝，是下等人的打扮。

而反纏足最厲害的要數李汝珍。李汝珍認為女子本來是和男人一樣的，但是男人非要讓她「嬌柔造作」，所以李汝珍在《鏡花緣》第三十三回「粉面郎纏足受困，長須女玩股垂情」中，讓男人也試了下被穿耳，纏足的感覺。

清朝的老百姓對纏足是有意見的，主要是考慮到女人把腳纏壞了，一方面並不美，另一方面妻子天天病泱泱，有錢人還能養得起，窮人實際上增加了生活負擔，降低了家庭生活的品質，正可謂有什麼別有病，沒什麼別沒錢。所以儘管纏足搞了幾百年，但清朝的一些學者和普通老百姓從日常生活角度出發，還是覺得這個風俗不太實用。

貞節其實可以「說一套，做一套」

中國人對「貞節」採取的是「說一套做一套」的態度，那麼說與做之間有什麼區別呢？

對「德」與「才」的看法不同

班昭一句「女子不必明才絕異」，給後人留下了許多解讀。不必明才是不是愈無才愈好，如果有才到底好不好？班昭沒有明說。

嘴上的貞節觀，基本上將女德與女才完全對立，最終得出了「女子無才便是德」的觀點。

中國人嘴上說「重德輕才」。「女人只要人老實能幹活就行了，不要太聰明。人品不好再聰明能幹也沒用。」[70]有德無才，亦不失為佳，有才無德，則明才絕異也難掩其醜。所以，《人生必讀書》中便有了這樣的話：「婦人以夫為天，而舅姑為夫之父母，義莫重焉。事之不得其道，孝敬有虧，即才智有餘，曷足貴乎？」[71]

而到明清時代，男人對才女愈來愈難以容忍。這與明清時代的小說，文學、及各種藝術作品，對才女的消極塑造有很大關係。其實從漢唐才女，到魏晉風度，中國歷來不乏才女的身影。但這種美麗的風景到了明清，就有些小小的改變。

明清時代，商品經濟發達，各種娛樂行業及娛樂文學盛行於世。於是一些與些相適應的才女形象流行開來，對民間影響極大。

比如董小婉、杜十娘、陳圓圓等都是風華絕代的才女。《趙司戶千里遺音蘇小娟——詩正果》中的蘇小娟、《錢舍人題詩燕子樓》裡的關盼盼，也都是風塵才女。

「才女」的命運，不是被犧牲就是被玩弄淪落風塵，這讓清代的人們對「才女」不免後怕。於是人們便認為「婦女只許粗識『柴、米、魚、肉』數百字，多識字，無益而有損也」[72]的想法。「女子無才便是德」的觀點從此深入人心。也外，女子有才便生薄幸也是人們的擔心之一，張生和崔鶯鶯的故事便是例證。呂新吾《閨範》序中說到：「孝賢貞烈，根於天性。彼流芳百世之人，未必讀書，而誦習流芳百世者，乃不取法其萬一焉，良可愧矣。」

持實用主義貞節觀的人則有不同的看法。對於女子教育，通常持寬容的態度。

《女誡》中「《禮》，八歲始教之書，十五而至於學矣。」這是支持女子教育的人奉行的理論依據。

袁采曾言：「賢者又不肯預人家事，惟婦人自識書算而所托之人衣食自給，稍識公義，則庶幾焉。不然，鮮不破家。」[73]女人還是要讀點書的，不然連數錢都不會，怎麼持家呢？

總的來說，生活中的中國人還是希望女孩讀點書，主要是為了兩點：

第一、女人不讀書，就會愚昧潑悍，令男人很受傷。

《女誡》有言：「察今之君子，徒知妻婦之不可不禦，威儀之不可不整，故訓其男，檢以書傳。殊不知夫主之不可不事，禮義之不可不存也。但教男而不教女，不亦蔽於彼此之數乎。」

讓女人讀書是為了培養賢妻良母。所以與培養賢妻良母無關的學問，多不支持。

「文學之婦。史傳所載，班班膾炙人口。然大節有虧，則眾長難掩。無論如蔡文姬、李易安、朱淑貞輩，即回文絕技，詠雪高才，過而知悔，德尚及人，餘且不錄，他可知矣。然亦有貞女節婦，詩文不錄者，彼固不以文學重也。」[74]

讀書目的在於明理，讓女性更溫順一點。《顏氏家訓》中說的明白：「婦主中饋，唯事酒食衣服之禮耳。國不可使預政，家不可使幹蠱。如有聰明才智，識達古今，正當輔佐君子，勸其不足。必無牝雞晨鳴以致禍也。」

第二、讀書的女人持家更有一套。

婦人不讀書，必定愚昧無知，壞處也顯而易見。「婦人未嘗讀書明理，性情多有僻處。不孝敬舅姑丈夫，卻誦經禮佛；不周濟骨肉姻親，卻佈施僧道；不享現世和平之福，卻望來生渺茫富貴。」[75]

女人不讀書，就會做蠢事，天天只知道念佛，不能給丈夫分擔一點重擔，搞得男人很疲憊。更過分的是，女人要是再沒有一點賢淑的氣質，沒事撒潑，男人的日子就很難過了。所以現實中，中國人對女子教育持一種非常實用的態度，培養賢妻良母的書可以多讀，與此無關的書還是少讀為好。正如陳宏謨所言：「或疑女子知書者少，非文字之所能教，而弄筆墨工文詞者，有時反為女德之累。」

重「節」輕「操」與「節操」並重

中國人的心裡是矛盾的，對於如何處理「貞節」與「貞操」的關係，澈底的表現出了言行不一的一面。

在中國人的嘴裡，「節」與「操」是無疑合二為一的，很難想像失操的女人如何能全節。「夫有再娶之義，婦無二適之文。」「婦人之不失節者曰貞，未嫁而不失節者亦曰貞，蓋言其有節操也，故貞可賅節而言之。」[76]可以說，沒有「處女膜」你就沒有「節」與「操」可言。

於是，清人的口中，不吝辭色地鼓吹「處女」的純潔。似乎女性只有身體上白璧無瑕，一生只屬於一個男人，她的品德才有資格被人表揚。「婦人者，伏於人者也。溫柔卑順，乃事人之性情。純一堅貞，則持身之節操。」

清代男性的處女情結非常之重。

直隸永平府某縣，其地閨範極嚴。凡女子初嫁，母家必使偵探，成婚之次日，夫家鼓樂喧闐，賀客雜遝，則大喜。若是日黯然，則女家為之喪氣，女之留否，惟夫家為政，不敢與爭矣。[77]

自明朝開始還出現了一種特殊的職業女性——專門檢查處女的穩婆。她們可以出入宮禁，對入官的女子進行裸體檢查。到了後來穩婆還成為了官府常設的專司處女檢查的人員。

到了清朝旌表列女有兩個條件：第一，丈夫死後妻子陪死，即所謂的「烈」；第二，如果一個女人被強姦殺害，假如您死了但沒有失身，您就是列女，如果您死了可還是失身了，不好意思您就白死了。

於是，清代的文人嘴上把「處女」吹到了天上。「女人保持貞操，從一而終是正道，真的碰上了不測之事，為了保持純潔，除了捨生取義外也沒有其他更好的辦法。」[78]

然而在現實中，女人想要「從一而終」，很多男人卻不答應。所有那些高呼女人要「從一而終」的男人不論是政客還是「學者」，無一例外都是不乏佳人相伴的「成功人士」，但是還有更多的「打工仔」和「北漂」娶不到老婆。對於這些男人來說，「寡婦」是無比寶貴的「資源」，不論是未婚失偶還是壯年守寡的女人，對於沒房沒車娶不起姑娘的「魯蛇」而言，簡直就是「單身終結者」，結果這些人還沒笑出來，空中飛來五個字「婦人不二適」，哪個「魯蛇男」會答應這麼無恥的主張？

更多的人用行動反對什麼「從一而終」，「貞操」在百姓的眼中，並沒有那麼無上重要。

歸有光在《貞女論》中講到：「女人只是訂婚，還沒結婚，老公就沒了。這種情況下實際上還是未婚嗎？六禮不備，也沒走完結婚程式，既沒有各種禮數，也缺少長輩的祝福，怎麼能算結婚呢？而且老天生男人女人，就是讓他們陰陽結合，女孩沒結婚就要守節，這也不符合老天的意願。」他還引用孔子的話來證明自己的觀點：曾子問曰：「婚禮定了，但是吉日男方的父母死，這個婚還結不結？」孔子說：「這個事情好辦，男方應該和女方說，我家出事了，暫時不能結婚，先把婚期推遲吧。然後等到父母的喪事辦完了，守孝期限也結束了，再和女孩家商量，然後就可以高高興興地娶媳婦過門。」[79]在這一點上俞正燮的觀點似乎更為透徹。俞正燮言道：「結婚必須新郎親自迎接新娘，一起見父母，一起去宗廟裡拜見祖宗，男人人都死了，怎麼娶老婆，怎麼去拜見祖宗，憑什麼請客招待各位親朋？」一連串的發問，批評未婚守貞的愚昧和不可理喻。並由衷地感嘆「男兒以忠烈自責則可爾，婦女貞烈，豈是男子的榮耀也。」[80]說到底，未婚守貞充其量只是訂婚而矣，婚還沒結，女性哪來的守貞義務。對喪夫女性的改嫁問題，大家其實更寬容。

清代很多學者都批評「餓死事小，失節事大」的觀點。阮葵生說：「宋儒謂失節事大，餓死事小。噫！古今來多少名公卿賢大夫，尚多愧此言，乃責之煢煢少婦耶？」[81]甚至乾隆皇帝老師的朱軾認為：「今欲使婦人盡守從一而終之義，雖顛連無告而孤寡煢煢，至死靡他，恐堯舜之治，天下有所不能。」後來，當他女兒的未婚夫不幸身亡後，他還勸女兒另擇夫婿。[82]

俞正燮的觀點更有代表性。俞說：「按婦無二適之文，固也。男亦無再娶之儀。聖人所以不定此儀者，如禮不下庶人，刑不上大夫，非謂庶人不行禮，大夫不懷刑也。自禮意不明，苛求婦人，遂為偏義。古禮夫婦合體同尊卑，乃或卑其妻。古言終身不改，身則男女同也。事出妻，乃七改矣。妻死再娶。乃八改矣。男子理義無涯涘，而深文以罔婦人，是無恥之論也。」

按俞的觀點，男女都應該從一而終，先賢之所以沒說男人，是因為先賢覺得男人應該明白這個道理，所以沒有說明的必要。那麼男人已經將「男亦無再娶之儀」的天理修改了，所以女人也不必拘泥於「從一而終」的古禮。對於改嫁，俞的觀點是「其再嫁者，不當非之。不再嫁者，敬禮之斯可矣。」[83]學者們的這些言論實際上反映出社會上對寡婦再婚的寬容，等於給那些排隊等著娶寡婦的「魯蛇」們發了一張道德「通行證」。

但中國人對寡婦改嫁的寬容也是有前提的，就是婦女可以替亡夫孝老撫孤，也就是必順全「節」。

有一則「淮陰節婦」的故事。大概意思是一個商人甲，妻子非常漂亮，被商人的生意夥伴乙覬覦。這個生意夥伴就在行賈途中淹死了商人。商人死後，此公佯裝悲痛，取得了商人妻子的信任，並最終娶了這個商人的妻子。多年後，此公自覺得感情深厚，便將當年之事講出，商人甲的妻子知道後，最終為前夫報仇除掉了乙。

從這些事例中，我們不難看出，丈夫死後，妻子責任重大。作為老婆只要能將丈夫沒完成的事情做完就可以，至於能否「從一而終」堅持身體上的「貞操」，是不是一生只與一個男人相伴，倒是件可以斟酌商量的事，與「全節」必須「全操」的宗教化貞節觀相比，老百姓對「貞節」的態度，更加實用，實用化貞節觀的核心也就在於此。

對男子納妾的雙重標準

在納妾的問題上清代男人的態度就更加矛盾，愈是紳士名流鼓吹女人「婦不二適」的人，愈喜歡尋花問柳；愈同情女人再婚的男人，反而趨向於嚴於律己。

不僅王公貴族，納妾盛行，連一些文人也參與其中。袁枚歸隱後，度過短暫的困難時期，經濟狀況逐漸改善，隨園亦不斷美化，納妾興致也不斷高漲。袁枚於乾隆二十二年時納蘇州人陸姬，二十五年時又納蘇州人金姬，四十二年時又納蘇州美女，次年終產一兒名遲。袁枚一生至少納了五名小妾。

袁枚為自己的「好色」編制了一套「理論」。他認為色「可好」，「人非聖人，安有見色而不動心者」。只要是男人，見到美女哪有不心動的？所以「好色有什麼錯？」他還提出了自己的選美標準，如「女以膚如凝脂為主」等等。袁枚本人坦然宣稱「無子為名又買春」、「好色不關人品，何必故自諱言哉」。[84]

正如趙翼所評「其人其筆兩風流，紅粉青山伴白頭」。

翩翩君子們喜歡「膚如凝脂」的美女，那「娶小三」必然成為產業。京師設有賣妾牙行，士大夫都是納妾的擁護者。「皆購自牙人，其姓氏裡居固無稽也。」[85]此外，各種為男性服務的娛樂行業也遍地開花。

清人陸圻將嫁其女，作《新婦譜》以教誨之：「凡少年善讀書者，必有奇情豪氣非女子所知，……或坐挾妓女……皆是才情所寄，一須順適，不得違拗！風雅之人，又加血氣未定，往往遊意倡樓，置買婢妾，只要他會讀書，會做文章，便是才子舉動，不足為累。」一話講得很好聽，但是能一邊讀書一邊嫖妓的男人，通常都是「不差錢」的人，在「主流學者」的眼中「矮窮醜」要是找小三嫖娼叫「敗家」，「高富帥」找小三嫖娼那叫「風流」，玩「風流」叫「才子舉動」，是應該被理解與欣賞的。

男人們自認為「風流」的才子舉動，女人卻不喜歡。所以到了清代，妒婦悍婦特別多，幾乎到了衝擊社會秩序的程度。蒲松齡感嘆：「家家床頭有個夜叉在。」《聊齋志異・江城》：「天下賢婦十之一，悍婦十之九。」

「高富帥」的社會精英與道德專家們，對於妒婦多從前世冤孽等宿命論的角度解釋，但是普通百姓卻很理解身邊的女人們。

小說家周清源對此作過深刻的分析。「第一恨道，一夫一婦，此是定數，怎麼額外有什麼叫做小老婆。我卻嫁不得小老公，他卻娶得小老婆，是誰制的禮法，不公不平。俺們偏生吃得這許多虧。這是第一著可恨之處了。第二恨道，婦人偷了漢子便道是不守閨門，此是莫大之罪，該殺該休。男兒偷了婦人，不曾見有殺、休之罪……這是第二著可恨之處了。第三恨道，男子娶小老婆，偷婦人，已是異常可恨之事了，怎生又突出一種『男風』來，奪俺們的樂事，搶俺們的衣食飯碗。……這是第三著可恨之處了。第四恨道，婦人偷了漢子，便要懷孕，生出私孩子來，竟有形跡，難以躲閃，就如供狀一般，所以婦人不敢十分放手，終久有些忌憚。男子偷了婦人、小官，並無蹤影可以查考，所以他敢於作怪放肆，恣意胡為。這是第四著可恨之處了。第五恨道，男兒這件東西，只許見了自己婆子方才發作、方才鼓弄便好，若是自己婆子不在面前，這件東西便守著家教，一毫不敢作怪，依頭順腦使喚，隨別人怎麼引誘，斷然不為非禮之事，這便是守規矩的東西。偏是他見了生客，分外膽大……這是第五著可恨之處了。第六恨道，俺們杜絕了他的小老婆、小官兒，使他不敢亂走胡行，這也算放心的了。但他隨身還有那五個指頭，也還要作怪，又有夜壺，活似俺們那件模樣，一出一入於其間，也是放肆之事。還有竹夫人、湯婆子這樣的名色，也要引壞了他那不良的心腸。這是第六著可恨之處了。從來的妒婦，懷了這六可恨，怎生肯放一著空與丈夫？」[86]

男人可以找小老婆出軌，女人為什麼不能找小情夫出牆，這世道深究起來真的不公平，也難怪女人們心裡不平衡。所以俞正燮說：那個女人是妒婦，她老公肯定是個花花公子！[87]

龔煒對女人性格的變化做了個生動的描寫：「婦人從一而終，情何如其專也！因為一開始，男人喜歡山盟海誓，什麼同生同死，白頭偕老之類的話一大堆，妒忌也不可能產生。但是開始時如膠似漆卻不能長久，慢慢的男人的感情就變味道了，妻子就會憤怒，丈夫對我沒有當初好，什麼累活都給我。慢慢就會變成不滿與憤怒。欲識胭脂虎等性格變態的妒婦就會產生。妒婦是丈夫辜負了她，而不是妻子辜負丈夫。」[88]

女人發火是因為愛老公，而這份愛從老公那裡卻沒有得到同等的回報，很多人其實還是很同情女人的。

《醋葫蘆》的序言講到：「余嘗慨世之男子，甘為婦人之行，而不能婦人其心。婦人以一夫終，外畏公議，內顧名行。男十色不謂淫，女過二便為辱。苦矣，身之女矣！吾身疇氏，而以人之顰笑為顰笑，顏和聲隨有奚愉？況乃所樂只爭是一線，一線之樂又寄於夫子。非色足以媚之，才足以制之，弗得也。……若乃複雜以僻邪，媚乎外室青樓，靜言屈指，寂禁涕泗交橫，婦人又烏能不妒？故婦人之心真。至於而真，更無漏其一種忐忑齒間齦齟齬齷齪，無可奈何之衷。將為賢婦，又恐割愛；將為妒婦，又惜名稱。至事勢臨頸，腆顏不顧，譬茲醋國，扇乃牝風陰氛。」

女人專情容易受傷害，女人偷情又會被指責為道德敗壞，做女人真難呀！維護家庭的穩定也是一些人反對男子多情的原因。由於男性的縱欲，不僅引起了夫妻爭鬥，還危及家庭穩定。

秦淑貞說過：「更兼小老婆生出兒女來，家產分了去，一心偏向著他的娘，誰來顧著你嫡母？」都氏有言：「若論娶妾，極是美事，但我辛勤勞苦，不易成家，一旦為他人受用，便於尊意若何？」說白了，男人到處留情，搞得女人之間內訌不已。

婢妾恃寵，往往自做主張，橫生支節。「婢妾與主翁親近，或多挾此私通，僕輩有子則以主翁藉口。畜愚賤之裔，至破家者多矣。凡婢妾不可不謹其始，亦不可不防其終。」[89]

總的來說，中國人嘴裡的「貞節觀」比較宗教化，側重於「男尊女卑」的形式；而在行動中，中國人對「貞節」問題的態度非常現實。他們認為，「貞節」的意義在於女性為男性和家庭恪盡職守，如果女性能夠相夫教子，照顧老人，能夠幫助男性擔當起家庭重擔，保證家庭的穩定和睦，至於形式可以商量。

清代中國人的貞節觀可以用「口是心非」來概括，嘴上的「貞節」清高得如同宗教。實踐中的貞節往往是「有奶就是娘」。於是，班昭「男尊女卑」的道德說教，在中國人的嘴裡發揚廣大，「貞節」被吹的勝於生命；而在實踐中，千萬百姓為了生計，早把什麼「婦不二適」拋在一邊。

清代的男人對「貞節」的態度就更加矛盾，說起女人的道德，清代的男人都頗有研究。在生活中，理論水準愈高的男人，往往對尋花問柳愈感興趣；反而是一些對女人不那麼苛刻的男人，私生活更加檢點，心口不一是中國人對待「貞節」的一種真實態度。

陸

妓女還是英雄

——失身的節婦與離異的列女

說起貞節列女，人們往往會和「守身如玉」聯繫起來。現代人似乎總覺得，一生只讓一個男人碰是「貞節列女」的「底線」。但是事實上，「貞節列女」就像一個籮筐，裝下了形形色色的女人，甚至連「妓女」也能成為貞節列女。妓女能當「貞節列女」既不是因為她們出身什麼「某某二代」，也不是因為她們有誰的蔭蔽，而是因為她們失貞但是卻「全節」。說到底，在中國人的心裡，妻子是一個職業，婚姻是一個「職場」，「貞」與「節」就是這個行當的遊戲規則。「貞」側重於行為道德，「節」就是女人當「妻子」的工作考核標準。所以即使您行為上「缺德」，但是作為妻子您工作做的漂亮堪稱勞工楷模，一樣可以被評為「貞節列女」。

鞠躬盡瘁保血脈——美人喬氏

《右台仙館筆記》中記載了一件事：松江府（也就是現在上海市松江區）有個姓鄒的人，此人天生身體不佳，但家境卻很富有。於是作為藥罐子的鑽石男，也娶了個貌美如花的妻子喬氏，不久生下一子，取名阿九。阿九剛滿周歲，姓鄒的就死了。留下了年輕的喬氏，喬氏立志為丈夫守節，並將孤兒撫養成人。由於家境富足，喬氏領著孩子開銷也不大，孤兒寡母過得還可以。但是不幸的是，廣東的土匪此時殺到了蘇杭，很快便佔領了松江。喬氏擔心自己不能倖免於魔爪，想以死保全自己的清白，但是一想到年幼的孩子，便開始猶豫不決。

正當此時，喬氏做夢夢見了死去的丈夫。丈夫告訴她，鄒家三代單傳，而今只剩下阿九這根獨苗，請她務必要將阿九撫養成人。如果有一天要在貞節和孩子之間作選擇，希望喬氏務必要犧牲貞節，保全孤兒。喬氏覺得丈夫雖然說得有道理，但是婦人又該以貞節為重，仍不能做出最後的決定，搞得死去的丈夫很著急，於是丈夫和公婆同時入夢勸說喬氏「要想開點」。喬氏才最終決定以撫養孩子為重，必要時捨棄貞節。

後來，喬氏母子二人都被賊人擄到了蘇州。美女到哪裡都有回頭率，喬氏長得漂亮，很快被賊人相中，想納她為妾。喬氏表示要納妾可以，但必須買一送一，收養自己的兒子阿九，否則免談。荷爾蒙的力量有時是強大的，賊人貪戀喬氏的美色，就答應了她。賊人對喬氏非常寵愛，但喬氏卻心猿意馬，雖然日子過得不錯，還是一直想著要逃跑。終於喬氏看準機會，帶著兒子逃到了揚州。可是命運似乎偏偏要考驗她，一個女人到揚州，難免羊入虎口，喬氏又被人賣到了妓院。喬氏此時仍記得丈夫夢中所托，誓要與阿九在一起。妓院的人本來很討厭養孩子，但是見喬氏美貌也就開了後門，同意撫養阿九。喬氏在妓院一待就是數年，直到阿九成人。賊人平定後，喬氏自己贖了身，和阿九一起回到了松江哥哥家。直到兒子阿九娶妻那天，喬氏自知已經完成了公婆和丈夫交給的使命，便安然自殺了。

喬氏一生，輾轉侍奉多人，最終淪為娼家，但她能撫子，為丈夫沿續血脈，依然得到了高度的評價。俞樾評價道：「程子云：『餓死事小，失節事大』，然餓死失節皆以一身言爾，若所失者，一身之名節，所存者祖父母之血食，則又似祖父之血食重而一身之名節輕矣。」[90] 養孩子重要還是保全自己的「名節」重要呢？顯然還是把孩子養大更重要，為了養大自己的孩子，犧牲自己的身體，這樣的女人也算「貞節列女」吧。

反清復明奇女子——秦淮八豔之首柳如是

喬氏這樣的女人還有很多，最有名的當屬大名鼎鼎的秦淮八豔之一的柳如是。

柳如是號稱秦淮八豔之首，她曾經發誓非錢謙益不嫁。錢謙益知道後，非常仰慕這位「奇女子」，交往一段時間便決定迎娶。這一年她才二十三歲時候，錢謙益已經五十九歲。

錢柳之間的感情是融洽的，但隔代婚姻對於柳如是來說，卻有著巨大隱患。清朝建國後，以及一些南方大族積極奔走，從事反清活動，錢謙益和柳如是也努力籌款援助南明和臺灣鄭氏，花銷非常巨大。清政府為了打擊南方的反清勢力，以追索拖欠錢糧為介面，製造「奏銷案」打擊南方豪強。錢謙益為度過難關，向本家的新貴錢朝鼎借錢。雖然短時間避免了麻煩，但是卻飲鴆止渴，為柳如是之死埋下伏筆。

錢謙益死後，錢朝鼎立即派錢謙益的學生錢曾上門逼債，同時利用錢柳二人私通反清勢力的事威脅柳如是。明朝末年，錢謙益曾經為柳如是請下了「誥命夫人」的封號，而到了清朝建國，柳如是發誓不受清朝的「敕封」，所以這個「誥命」也自動作廢。錢謙益一死，柳如是就失去了所有保護。當錢朝鼎上門逼債時，柳如是面對的情況是如果老實還錢，錢家的萬貫家財拱手付與他人，但如果不交出錢財，她和錢謙益從事反清地下工作的事一旦被錢朝鼎揭發，不僅家產難以保全，自己的孩子們也無法善終。於是柳如是選擇了自殺，柳氏之死不僅使得錢家的財產得以保全，也讓自己的子女們免受反清案的牽連。

柳如是絕對不是平常意義上的「貞節」女子，她在為自己贖身後，購買了一條高級遊輪「畫舫」，雇傭一幫自己的班底，組建了一個高級俱樂部。在她的身邊流連著當時中國最有名的一批文人墨客，在錢謙益之前，柳如是和陳子龍的情緣就非常有名被傳為佳話，可惜陳子龍後來戰死，一代佳人便宜了錢謙益。柳如是反清，至死要求懸棺而葬，不碰清朝的土地，這樣的頑固反政府分子當然不符合清政府的需要。但柳如是一生忠於明朝，其忠誠精神卻為朝廷所需要；她一死保全子孫，作為一個曾經當過「娼妓」的女人，雖「失貞」但卻盡到了妻子的責任，自然也算「全節」。所以柳如是不僅沒有因其妓女的身分受到太多非議，反而以「河東君」的尊稱被人們交口稱讚。

為盡忠孝捨貞節——武將之女韓氏

此外，還有一些「幹部」家屬的行為與「處女膜」的存廢沒有任何關係，但是也被封為「列女」。《天津府志》的一個故事，就非常典型。

吳某的妻子韓氏，其父是一個武將，官至千總，相當與一個營級幹部。後來此人病死在清江浦，那時交通不便，通訊落後，「死亡通知書」過了七年才飛到家屬手裡。知道父親去世，韓女士就和丈夫商量，想把老爹的遺骨帶回來。結果丈夫吳先生非常小心眼，總覺得什麼陰宅太貴，路費太高等等，不太想花這份冤枉錢。韓女士很傷心，哭著和老公說：「人熟無父親，不返生女何為。」我要是不能讓老爹落葉歸根，他生我這個女兒有什麼用！於是賣了自己的隨身細軟，帶著個僕人，抵清江到處打聽，最後向官府呈文，始知父歿於海州，海州距清江七百於裡，一路很難走。韓女士不顧一切，立刻啟程，路上途經一個村莊，走到一處房子前，馬忽然停下不動止，怎麼打都不管用，好像是看見了熟人。韓心動，進屋子詢問，果然屋主是父親生前的部下。這位老部下見到老上司的女兒，仔細地講述了韓營長病死時候的情況，並告訴韓女士父親下葬處。韓小姐悲痛欲絕，打開父親的塚，收拾遺骨準備回家。這時老部下告訴韓女士：「你老爸生前給你留了不少遺產，都寄放在金某某那裡，這人有意私吞，你可以告他，錢就能要回來。」韓女士說：「我又不是為了這些錢而來的。」然後頭也不回「背起爸爸回家」了。[91]

韓列女的故事與夫妻忠貞似乎大相徑庭。故事從一開始就記述了兩個情況：一是韓氏的父親為千總，病死於任上，二是韓氏的丈夫不通人情，反對韓氏歸親。三言兩語把一個深明大義的女子的形象展示出來。接下來的描述中，文章重點描寫了韓氏的兩個偉大品格。首先，文中突出了韓氏尋親的艱難，「父歿於海州，距清江七百餘哩，路險絕。」韓氏不遠千里，尋找父親的遺骨，從而把一個孝女的形象展示在人們眼前。當韓氏找到父親的遺骨後，父親舊屬建議她索回父親寄藏的錢財，韓氏斷然拒絕，並回答說「吾豈為訟金來哉」，韓氏此來，不為錢財，為的自然只是義與情，於是一個重義輕財的奇女子的形象展現在人們的眼前。

特別值得注意的是這個故事不僅沒有體現「嫁後從夫」的原則，反而將丈夫放在韓氏的對立面，似乎不合常規。但這種描寫恰恰可以體現韓氏的深明大義，讓人感受到韓氏從小家教之嚴。再聯想到其父亡於任上，不免讓人感嘆「有其父必有其女」。父親為忠臣，女兒為列女。通過旌表「女貞」來鼓勵「男忠」，正是旌表列女所要達到的目的之一。

說到底，如果女人能為家庭和子女竭盡全力，一生是否有過「失身」經歷並不重要；如果能通過鼓勵女人的「貞」來激勵男人為國盡忠那就更好，至於聽不聽老公的話無所謂，什麼「三從四德」其實也就是說說而已，現實生活中是否照做根本不在話下。

柒

失節還是餓死

——理性的選擇

「守節」是一種偉大的行為，今天的人看來，這些女性年輕守寡，在孤獨中聞風不動，猶如苦守寒窯的王寶釧讓人敬佩。但殊不知這些「節海英雄」既不是誰都能做到的，也不是誰都能做的，更不是無緣無故的，箇中原委只有自己知道。

《女小兒語》中曾經教導女性：「夫是你天，不可欺心，天若塌了，哪裡安身。」這種比喻可謂形象，清代女性缺少經濟獨立的能力，因此「以夫為天」是大多數女性的生活信條。

但天也常有塌掉的時候，女性的壽命有時比男性更長久，加之天災人禍，女性守寡的事情常常發生。天塌了但生活還要繼續，擺在女性面前的只有兩條路「守節」與「改嫁」。

改嫁在民間社會一直普遍存在。雖為士人所不恥，但無法禁絕。一方面是社會對再婚女性有巨大需求，一方面也是寡婦出於自身生存的考量。清代的喪偶女性往往會選擇再婚維持生計。

再婚雖然不失為一條出路，但由於女性再婚涉及到至少三個家庭的利益分配，關係較為複雜。而且清代的再婚，按財論嫁的買賣性質非常明顯。既然是「生意」難免出現經濟「糾紛」，儘管有時這種糾紛被塗著一層薄薄的情感色彩。寡婦再婚受到大量的外在因素干擾，往往身不由已。因此再婚對寡婦來說，充滿了風險和不確定性。

「兩害相權取其輕」，於是很多女性還是選擇了「守節」。「貞節列女」的道德光環背後，是權衡利弊的結果，其中的無奈只有這些女人自己知道。

再婚路上多陷阱

女人一守寡，很多人最終會選擇再婚，但是對於沒有多少自由和權利的女人來說，再婚並不是一條坦途，各種風險會接踵而至。寡婦們想再婚，搞不好不但不能得到保護與照顧，反而會惹禍上身，有時這些災禍還非常嚴重。

人身傷害

寡婦改嫁其實就是一場買賣，是買賣就難免會有糾紛。因此不論是什麼樣的糾紛，大家情緒激動一旦動起手，寡婦作為弱者又沒有老公保護，吃虧是在所難免的，從以下兩個故事可以讀出這點心酸。

孫紀氏因前夫王庭儀病故，孫不願孀守，改嫁孫淵為妻。同村有個混混叫武開忠遇見朋友田玉登等，就和田玉登商量，幾個人覺得這個孫紀氏前夫病故未久，就甘心改嫁，也不是什麼好女人，哥幾個一琢磨乾脆把這個女的搶出來賣點錢花。武開忠等一起，偷偷跑到孫紀氏家裡，將她搶出拐賣了。又如劉氏的遭遇也很相似，劉氏前夫穆大本病故，經父劉文奇主婚，改嫁給一個叫王鳳奇的人為妻，過門成婚。村裡的張二與張禿子等人閑的沒事就聊起了劉氏的八卦，張二說道：劉氏前夫剛死，這個女人即行改嫁，絕對不是什麼好女人，乾脆把她搶走賣了吧。大家一聽，都很贊成，於是同往將劉氏搶走。[92]

雲大小於嘉慶十四年因雞姦陳石頭未成發遣黑龍江，杳無信息回家。整整十八年間父親雲士安因貧困無法生活，又不知道自己的兒子是死是活，於是就將兒媳李氏改嫁，實際上就是公公把兒媳婦賣了。結果沒想到雲大小遇上了大赦從黑龍江回家了，知道自己的老婆被老爸賣掉後，很不甘心，還是想和自己的妻子破鏡重圓，於是就多方打聽，找到了自己的前妻，想說服她和自己回家，李氏對雲大小說：「你爸爸已經把我賣掉了，我還怎麼回去，而且你一走十幾年，連封信都不給我寫，心裡明明沒有我。」雲大小想讓前妻和自己一起逃走的想法被李氏拒絕，一怒之下用刀將李氏紮死。[93]

明清時代，女人再婚其實就是一場交易，問題在於，誰主導這場交易？是寡婦們自己賣自己，還是被周圍的「親戚」們出售？在這種被扭曲的「親情」關係中，時常發生各種糾紛。嘗到好處的人，見錢忘人，沒嘗到好處的人寧為玉碎不為瓦全。所以衝突一旦發生，再婚的寡婦作為交易品，實際上處於矛盾的中心，搞不好就被人「玉碎」，輕是傷筋動骨，重則丟了性命。

財產侵害

寡婦如果改嫁，她在夫家的財產幾乎等於拱手讓人，淨身出戶幾乎是她必然的命運。

饒念八的哥哥病故，留下一個嫂子曹氏情願守志。但是曹氏性格外向，喜歡和人說說笑笑，饒念八覺得嫂子這麼外向，恐招人非議，於是就逼著嫂子改嫁。饒念八聲稱：「嫂子年輕，日後慮有不端」，與其將來敗壞門風不如早嫁以免丟臉。曹氏知道後便與其爭吵，同時還在叫來眾多族人讓大家評理。大家都覺得饒念八做的有點過分，紛紛處令饒念八服禮，饒念八見狀急忙躲避。曹氏當然不會輕易放手，於是就跑到饒念八家追著吵鬧，一定要饒念八給個說法，面對情緒激動的嫂子，饒念八沒有一點安慰，反而聲稱嫂子潑悍，並威脅將來定要將她嫁賣，曹氏氣忿跑到祖祠用刀自殺殞命。

案子發生後，官府判決有點為難。官府查了半天法律條文，發現法律中沒有「與嫂口角，致嫂一聞穢語自盡」這樣的條文，於是官府就以「因事情與婦女口角致使其自盡」這樣的條文，將饒念八判決就進充軍。但是這個判決進入巡撫覆核階段，卻被巡撫推翻，巡撫對饒念八做了個大膽的有罪推定。巡撫認為：「曹氏喜歡說笑，是性格外向，沒什麼錯誤。饒念八說自己擔心嫂子將來會出軌丟自己家的臉，只是藉口。實際上是想逼迫嫂子改嫁，曹氏與饒念八吵起來後，饒念八不但不勸慰，反而用嫁賣這種刺激性的言語恐嚇曹氏，更說明饒念八處心積慮想把嫂子嫁賣出去。所以饒念八貪圖錢財想嫁賣嫂子，逼出人命應該判處絞刑；退一萬步就算饒念八沒有貪圖錢財故意逼死嫂子的想法，這麼壞的一個人也必須將他發配到極遠的地方充軍。」接著巡撫訓斥了主審「法官」：「你辦案想不追究確鑿的情況，想當然的就判決饒念八就近充軍，實在不負責任，這個案子要麼應該判絞刑，要麼應該判極遠的地方充軍，你只判案犯就近充軍，這麼輕的刑罰不足以震懾饒念八這種不法的刁民」。[94] 寡婦一旦要改嫁，就得淨身出戶。就憑這點就讓很多「親戚」眼紅的不行，千方百計慫恿寡婦們早點「失節」，寡婦們想不改嫁是一件很難的事。

再舉個例子。劉世炯係劉氏叔祖公、劉有信係劉氏親叔公。劉氏老公去世了，劉氏沒有孩子，但所幸老公留下不少財產，劉氏決定守節。劉氏同親戚劉瓚等協商過繼族人劉旺之子為繼子。劉氏的叔叔劉有信一直想吞併劉氏的家產，拼命動員劉氏改嫁，聽說劉氏過繼族人的孩子，立即多方攔阻，結果逼的劉氏連年打官司。至雍正十二年十一月間劉氏將自己的地十二畝賣與濟邑姜博文為業。劉有信當時就急了，立即找來了劉氏的族叔公。一起討要土地，他們不僅干擾姜博文的正常工作，還懷疑劉氏的賣地是弟弟劉自祥出的主意。事情鬧上了官府，於是劉有信就糾集一幫親戚，準備半路教訓劉氏姐弟。結果，劉氏和弟弟劉自祥被半路截打，劉自祥掙扎跑到官府，劉有信一夥膽大妄為，竟然一直衝進衙門，縣太爺一看，簡直目無官府，於是將劉有信一夥全部拿下，兇器一併收繳……」[95] 劉氏高舉守節的旗號，算是保住了丈夫的家產。

巢氏嫁給一個叫鄭若駒的人，二十三歲就守寡了，剛剛守寡的時候，親戚都慫恿她改嫁，巢氏拒絕，並過繼了丈夫哥哥的孩子為嗣子。巢氏知道親戚是想貪圖財產，於是慷慨表示「有孩子就守節，沒孩子就自殺」絕不改嫁。沒過多久，丈夫的哥哥也去世了，親戚見狀更加欺負她，於是巢氏就和嫂子一起居住，兩個寡婦一起生活，不久巢氏大嫂的孩子有不幸夭折，巢氏安慰道：「我的孩子也是你生的，有了孫子也是你家的後人」，於是兩個女人一起撫養巢氏的嗣子，忠心不二。[96]

還有一則故事，情節令人髮指：盧文的弟弟盧質去世，盧質擔心妻子年輕不能守節，便將一百零五畝土地和果園菜園魚池等業交給盧文代管，等自己過繼的小孩孟生成人後轉交其經營，但盧文等不僅私賣其產，甚至還想逼弟媳韓氏改嫁。

韓氏堅持守節，盧家兄弟便「輪班構釁」，韓氏「奄奄一息」。盧文等又將房三間典與鐵匠，以打鐵之聲恫嚇韓氏。韓氏以誠心打動鐵匠的妻子後，爭取到鐵匠的同情，盧文等又密謀「私受聘金，以氏許某生員」。[97]

明清寡婦們的處境是兩難的，沒有男人的保護，日子不好過，但是要是再找個男人，代價又很大。特別是對於自耕農和小康之家的寡婦來說，失去了丈夫的保護，猶如俎上之肉任人宰割。一大幫人虎視眈眈盼盯著她們，隨時挑出她們的錯誤和不端行為，自己好名正言順地瓜分她們的財產。搞得寡婦們不敢開朗地說笑，不敢穿「時髦」點的衣服，生怕被人抓住「把柄」踢出家門，如果想給自己再找個老公更是要特別小心謹慎了。

明清社會，女性的生活高度依賴男人，當丈夫去世後，寡婦往往成為弱者，其財產也為眾多親族家人所覬覦，強迫女性再婚就是手段之一。這種情況下，再婚不僅不能給女性以生活保障，甚至可能使她們失去生活來源。

被人嫁賣，淪為漁利工具

清代男女比例失調，加之娶寡婦成本較少，所以寡婦再婚往往奇貨可居。女人一旦守寡，她周圍的親戚們不但想侵吞寡婦的財產，還想把這些寡婦們也一起變現。對於想改嫁的寡婦來說，真要是改嫁必須特別小心，一不留神自己所嫁非人難受後半輩子，卻成全了別人的發財夢。到那時這些寡婦們真就成了「把自己賣了還幫別人數錢」的冤大頭。

蔡氏守節十載，公公邵其秀覺得自己年紀大了，兒媳婦又沒有生個一男半女，於是就想把兒媳婦嫁賣出去。他偷偷託付一個叫王加斌的人幫忙做媒。雍正十三年八月十八日邵其秀主婚，王加斌同徐安其為媒，金起鵬代寫婚書，以十三兩的價格將蔡氏賣給了徐益世。時值蔡氏回娘家，邵其秀和王加斌一商量，就讓王加斌搖船謊稱邵其秀，去接蔡氏，然後偷偷將蔡氏載送徐益世家。蔡氏劃破面胦，以示不從。於二十三日乘徐益世出外跳河自殺。[98]

總的來說，清代女性再婚非常容易受到傷害，這種傷害主要有三種情況：一是在紛爭中受到人身傷害，二是使自己和子女失去合法財產和家族的保護，三是被強迫改嫁名嫁實賣，結果所嫁非人。

因此所有的女人在守寡後都面臨艱難的選擇，要麼守節要麼改嫁。繼續留在夫家，可以得到社會的尊重，但需要忍受一生的孤獨。守節的寡婦就是個孤家寡人，難免受人欺侮，而且對於窮人的媳婦來說生計也將面臨困難。至於改嫁他人另找新的依靠，這種做法一定程度上可以解決生計問題，也可以有人為伴。但前夫的財產就會被親戚們瓜分，損失很多既得利益不說甚至殃及子女。加之改嫁往往身不由己，所嫁非人的情況也時有發生，因此改嫁其實充滿風險。

是否守節對於清代的寡婦，實際上是一個兩難選擇，每一個寡婦在當不當列女這個問題上很少心血來潮，多數人都是經過深思熟慮，反復權衡後才作出選擇。

權衡利弊求保障

不論是改嫁還是守節，對女人來說各有利弊。守節有困難，改嫁也有風險。於是很多寡婦在經過深思熟慮後決定守節。守節其實和道德無關，更多的是幾分理性幾分無奈。

經濟保障

守節能讓寡婦得到經濟保障，因此，清代的寡婦守節者多為官員之婦，或富家之媳。

韓氏，丈夫姓劉，不幸去世，韓氏的父親是個打鐵的，收入還算能自給自足，所幸生了個漂亮女兒。一個姓劉的財主愛上了韓小姐，下重金當聘禮，想娶韓氏。韓氏的父親見錢眼開，立刻同意這樁婚事。韓氏知道姓劉的富翁已經結婚了，當她聽說父親將自己嫁給這個姓劉的後，以為是要去當妾，於是質問父親：「您想賣我當小妾嗎？您要是想賣我，我就先死在您面前。」韓鐵匠於是回絕了姓劉的富翁。姓劉的富翁一聽，說：「老兄，我老婆不久前剛去世了，我現在是鑽石王老五，我不是想讓你女兒當妾，我是想讓她當大老婆。」韓鐵匠回家後，把情況和女兒一說。韓氏一聽心想「妾不如娼」，讓我當妾我寧可守節，不過如果是給一個富翁當夫人，那這個節就不值得守了，於是立刻同意嫁給姓劉的富翁。守節是韓氏最有利的保障和討價還價的資本，也是韓氏不當小妾的藉口。面對一個鑽石王老五的求婚，韓氏的態度是「當妾就守節，當妻就失節」。中國女人用理性的態度面對貞節問題，韓氏的做法再典型不過，然而這只是一個開始。

「節婦入門，伉儷甚篤，而家人廝僕以節婦出小家，竊竊誹薄之，劉母尤弗善子所為。節婦雖竭力承歡，而動輒得咎。姑有愛婢秋菊，陰險工讒，劉嘗私焉。既娶節婦，漸遠之，秋菊以故怨節婦，謗毀萬端，甚或面辱之。」韓氏過門後，和丈夫感情很好，但是韓氏小門小戶，劉家的親戚看不上她，不僅婆婆不喜歡她，連同家裡的傭人也給她臉色看。特別是劉先生有個通房丫頭，俗稱情人，叫秋菊，原本很受寵愛，但是韓氏過門後，劉先生喜新厭舊，就把秋菊冷落在一邊。秋菊自然恨韓氏恨的不行。所以小門小戶的女兒，多少受點歧視，特別是寵妾恃寵欺主，讓韓氏吃了不少苦，甚至一度被趕出家門，最後經過一翻鬥爭，韓氏在劉家得到了認同。「節婦至，姑持其手而哭，哀甚，節婦亦哭。」韓氏不計前嫌，孝老相夫。婆婆年老，韓氏盡心照顧，丈夫去世後，韓氏一心撫養兒子成人，[99] 韓氏對婆婆的孝敬，理由也很簡單。她在被休回家時，對憤怒的父親有一翻教育：「且彼豔女色，父羨彼財，利始者，寧以義終，固早知今日也。」意思是說，劉家娶我是因為我漂亮，我嫁給劉家是因為您羨慕劉家有錢，我們的婚姻是以庸俗的目的開始的，所以我希望能以一個高尚的結局收場。

韓氏的父親是個差足自給的小康人家，而夫家又是一個有錢人家，這種生活使韓氏衣食無憂，因此她對劉家的忠誠是抱著一種很矛盾的心態，就是既有功利主義的目的，也懷有道德情操的追求。也就是所謂的，「利始者，以義終」。但是韓氏還有一層考慮沒有說，那就是她有劉先生的兒子，這個兒子作為劉先生財產的合法繼承人，韓氏完全可以守著兒子子貴母榮。劉氏先改嫁，再守節，完全是理性選擇的結果。

「邢魯堂太守，陝人，頗風雅。守嘉興時，以重金購蘇妓為妾，寵愛異常。太守死於任所，僅遺嫡子，方九歲。同官謀歸太守骨於秦中，而遣其妾。其妾乃麻衣見客，泣訴平生，謂主人待我厚，我雖出身微賤，頗識大義，諸君能容我撫孤，則生，不容，則死。聞者動容。其後攜公子西歸，延師課之，而自構一樓以居，終其身未下樓也。」[100] 邢太守的妾與他前妻的兒子很難說有多深的感情，但是這位小妾高舉「主人待我厚，我當回報主人」的旗幟，把邢太守前妻的兒子過繼了過來，實際上走的還是子貴母榮的路子。

其實不論是邢魯堂的妾守節撫孤還是韓氏「誓以義終」，都離不開經濟基礎的強大支撐。所以邢堂之妾可以自構一樓，撫養邢魯堂子，一生守節不嫁，貧窮人家是無論如何也做不到的。

對子女的愛

為了子女而守節是明清時代的女人選擇不再改嫁的重要原因。孩子是女人的精神寄託和前途依靠。在中國的傳統倫理中，女子以三從四德為行為綱要，所謂「三從」就是：未嫁從父、嫁後從夫、夫死從子。

高明妻劉氏：「早寡，子步雲幼。貧甚……。步雲稍長，就學歸，則燃燈讀。劉縫紉，夜必盡數線。一夕，線未盡，步雲倦臥，撫之有淚跡，問曰：『兒病耶？』曰：『無之，但饑耳！』劉泫然曰：『兒不慣餓，我則常耳』」[101]

故事用生動的筆法描繪了一個催人淚下的故事，劉氏為了自己的兒子，守節紡線，在貧困與飢餓中掙扎，供兒子讀書求學，「縫紉，夜必盡數線」。一天，兒子沒吃飽飯，飢餓難忍。劉氏也禁不住難過，對兒子說道：「你不習慣飢餓，一次吃不飽就難受；而我常常忍饑挨餓，已經習以為常了。」劉氏的泣訴既是對兒子的鼓勵，也是萬分委曲後的發洩。兒子的痛苦可以對母親訴說，母親的心酸又能向誰傾訴？

妻子有管教子女和兒媳的權力，也就有維護家業，助子成才的義務。

有個叫胡彌禪的人去世了，留下了一個妻子潘氏和三個沒成年的孩子，其中長子胡宗緒，也只有十歲。胡家很窮，潘氏努力供孩子讀書，讓他們上村塾，每天早上孩子們一上學，潘氏就倚門一邊哭一邊送孩子，直到孩子們翻過山嶺，看不到了，才回來。晚上一看到孩子放學回來，高興地哭著迎接。過了三年，家裡更窮了，孩子上不起學，潘氏自己沒讀過書，但是還是讓孩子們背誦，自己根據意思給孩子們講解。孩子們出門必須報告給潘氏，如果孩子們貪玩，弄髒了衣服，潘氏就會嚴格管教。如果糧食不夠吃，潘氏就用瓜蔓，做成麥粥飯充饑，如果糧食豐收，吃的富裕，潘氏還會拿出一些周濟其他人。[102]

潘氏的哭很有意思，如果說早上送孩子上學，哭是因為難捨是因為孤獨，那麼每當孩子們平安回來，潘氏的哭無疑是看到了希望。孩子是媽媽的精神寄託，在潘氏的身上體現的尤其明顯。

很多女人不僅以養育子女為己任，丈夫們在自己臨終之際也往往受夫人以託孤之重任。《列女驚魂傳》中胡雲光自殺前的囑託就是對妻子的期待：「是晚雲光沐浴更衣，寫告死辭帖，辭別上司下屬，置在案上。囑李夫人道：『我父天性強悍，必不聽諫。我不忍見其敗亡，今晚盡忠。夫人千萬不可回鄉，就居近地，撫養遺孤，隱姓埋名以存胡氏一脈。愚夫受賜多了。』李夫人痛哭相勸，不從。俄而夫人睡熟，雲光望北拜謝君恩，吞金而死。李夫人醒來不見丈夫，起身找尋，見他已死，撫屍痛哭。天明報知上司，各官俱來相驗，問他何故？夫人將遺書呈上，各官嗟嘆回衙，有巡撫將情節並遺書拜本回京。李夫人遵夫遺囑，命家人在近地僦居，撫孤守節。」[103]

母憑子貴

撫養子女不僅是女性的職責與精神寄託，同樣也是女性出人頭地的希望所在。

如清代對百官有「覃恩封贈」之制。所謂「覃恩封贈」，是清代國家遇有慶典如皇帝登基等喜慶之時，晉封百官。這裡所說的晉封百官並不是給所有的官員升官，而是給他們一個沒有任何俸祿的名譽爵號作為獎勵，因為官員在任時的官職卸任後就沒了，而這種名譽爵號則是終身隨帶的，死後還可以刻在墓碑上，代表著永久的榮耀。

一人遇恩榮，也可以蔭及妻室。對各級官員的曾祖母、祖母、母親或妻室的封贈不分正從品級，從一品夫人到九品孺人共分為九等。如果封贈時官員的祖母或曾祖母健在，而其祖父或曾祖父亡故，則在其祖母或曾祖母封號前加一「太」字，如一品太夫人。所以哪個寡婦的兒子或孫子成才了，那麼寡婦們才算真的熬出頭。

女性在家庭中的地位更有賴於兒子的成才成器。「不孝有三，無後為大」，生育子女是女性家庭中的頭等大事。沒兒子不但可以構成七出之一，在家庭中也會被人排擠。因此，兒子是女性的未來依靠，也是女性一個人獨守終身的精神支柱。

如《紅樓夢》中的李紈「桃李春風結子完，到頭誰似一盆蘭，如冰水好空相妒，枉與他人作笑談。」兒子出人頭地，是她一生守節的精神依託。就如《晚韶華》中所唱「鏡裡恩情，更哪堪夢裡功名！那美韶華去之何迅！再休提鏽帳鴛衾。只這帶珠冠，披鳳襖，也抵不了無常性命。雖說是，人生莫受老來貧，也須要陰騭積兒孫。氣昂昂頭戴簪纓，氣昂昂頭戴簪纓，光燦燦胸懸金印，威赫赫爵祿高登，威赫赫爵祿高登，昏慘慘黃泉路近。問古來將相可還存？也只是虛名兒與後人欽敬。」

「虛名」也好，「笑談」也罷，我們權且不論，但僅就李紈一生守節的精神寄託無疑是「望子成龍」，最終得個「母因數貴」的結局是她一生的期待。

清代的女人選擇守寡多是為子女不得不為，她們擔心改嫁會讓自己的兒子失去尊嚴，失去財產，失去機會。因此她們犧牲一生，照顧兒子的成長，輔佐兒子的事業與家庭。

烏程人金順，是中書汪曾裕的妻子。她十九歲嫁姓汪的，二十七歲寡，隔了年，婆婆又去世了，留下六歲孤兒和一個年邁的公公。族人們見其可欺，欲謀其孤，奪取財產。金氏為保住兒子性命，不得不將他「置之樓上，去其梯，每飲食，必先嘗而後與之」，過著提心吊膽的生活。這樣過了兩年，不到三十歲，金氏就心力交瘁而死。[104]

寡婦終能熬成婆

守節女性不僅只是承擔著義務，她們手中也擁有一定的權力，有時甚至大權在握。

這種權力有幾種：

第一，代表丈夫接受子供養的權利。即夫亡後依養於婆家的生存權，其核心則是「婦承夫分」的家產使用權及「夫亡從子」的養老權。古代稱婦人喪夫為「失之所天」，在倫理共有制保護下，作為未亡人，一方面，家族有監督寡婦正確使用家產的權利，防止寡婦轉移家產或揮霍財富；另一方面，只要她們肯守節，便有權依養於婆家，家族有照顧她們的責任和義務。同時寡婦也可以代表自己的丈夫，替兒子監理遺產，這就是所謂的「婦承夫分」，以育子養老。在現實生活中，由於家族經濟基礎與社會地位不同，使得她們能夠獲得的權利也不盡相同，她們為此做出的努力與付出的代價也各不相同。窮人之家固然苦難，但對於有一定家私的家庭來說，承夫依養是寡婦重要的生活保障。

第二，贍育理業權。即因代夫贍老育小傳承家業而獲得治家理業權，其核心則是育子理業權。它是父權制傳承賦予寡婦們「代夫行權」的法理保障。它與「承夫依養權」一起，共同構成了她們「夫亡從子」式養老的根本指靠。這一點從平民之家的母以子貴到皇室宮廷的垂簾聽政，概莫能外。

中國有句老話「窮人的兒子早當家」。「早當家」的實質就是早繼父權，讓寡母有所依靠。如同《儒林外史》第一回中的王冕之母對十歲的兒子說的：「我一個寡婦人家，只有出去的，沒有進來的；年歲不好，柴米又貴；這幾件舊衣服和些舊傢伙，當的當了，賣的賣了；只靠著我替人家做些針黹生活尋來的錢，如何供得你讀書。如今沒奈何，把你雇在間壁人家放牛，每月可以得他幾錢銀子，你又有現成飯吃。」[105]

對於很多家庭來說寡婦能否承家理業，關係到家道的興隆，對於皇家來說，寡婦理業的水準關係到國運的盛衰。如孝莊，慈禧，她們的育子理業對於清朝的政局都產生重大影響。

此外還有一種權力，就是家長權，或者稱為助子禦媳的權力。即當教子成立、子代父職之後，家國之內退居二線的「老祖宗」們繼續代表祖先行使的祖權，它包括代表亡夫及祖先監督繼位父家長的權力，也包括幫助兒子教化統禦媳孫的權力。這種集公、婆二權於一身的權利是多年寡婦熬成婆後獲得的最高「地位」。

母親對兒子及兒媳有監督和處罰的權力，自春秋以來，母親訓子的事例不絕於史，已成慣例。

如清初，洪承疇入都後，其太夫人還在，洪從福建將其接來。結果太夫人一見兒子，便是一頓暴揍，說道：「汝迎我來，將使我為旗下老婢耶，我打死汝，為天下除害。」[106]

小門小戶的寡婦，一旦歷盡千辛萬苦育子成立、多年的媳婦熬成了婆，便是真正的一家之主，「關起門來」的時候，她們便擁有了至高無上的權威。

失去丈夫的女人們，往往面臨著一個兩難的抉擇。改嫁與守節，二者各有得失。於是每個女人在取捨時必須把握尺度並有所取捨。

一個女人，什麼時候守節，又在什麼時候改嫁，必須是一個慎之又慎的選擇。

有人曾說：「苦節不常，處此有極難者，無子一也，苦貧二也，遭亂離、遇強暴三也。」[107]

首先是代夫承分與另找靠山之間的抉擇。這是每個寡婦首先必須作出的選擇。代夫承分首先必須有「產」可承，有家業可繼承，是很多女性選擇守節的重要原因，守節只為得一碗飯吃。

有個老婦人鄭氏，已經八十六歲了。青年婦女姓劉，是鄭氏的寡媳。鄭氏說：「我那死去的兒子李阿梓，去年十二月初五，被李阿梅逼死。我們要告官鳴冤，李阿梅請求族中秀才李晨、李尚、族長李童叔等人勸我不要打官司，由李阿梅為我殯葬兒子，給我住房，養活我一家老小。現在李阿梅不存好心，逼我們搬家，收去我們住的房子的瓦和椽子，斷絕供給我家的糧食。我們一家風餐露宿，不知能活到什麼時候。因此我們才來告狀。」[108]道德動機雖然高尚，但百姓更看重的是現實的生計。守節要是能有飯吃，單身一生似乎並無不可。但如果生計難以維持，守節就很不容易了。

「武生孟春育妻趙氏，同室姑嬸早寡者三人，後家道中落，俱各改適。」[109]但也不是所有的寡婦只要有飯吃就能守節，也有很多人耐不住寂寞。有一則故事說有姑媳孀居，姑說：「做寡婦，須要咬緊了牙根過日子。」未幾，姑與人私通，媳以前言質問姑。姑張口讓兒媳看，說：「你看，我說要咬緊牙過日子，前提是我得先有牙可咬才行。」[110]

守節終究是一件苦差事，就算有飯吃，也不是每個女人都會選擇守節，守與不守也要因人而異。但是大體上，有飯吃的寡婦，守起節來無疑更容易一些。

其次，要在撫子與另立門戶之間做出抉擇。

兒子是女人守節的另一個重要原因，因為兒子在家族中是繼承人。有了兒子對寡婦們來說，未來就有了希望。

考慮到兒子的前途，出於母性的本能特徵，母親往往犧牲自己的幸福，而子女也往往成為寡婦們的生活依靠，這樣的例子在貞節列女中，比比皆是。很多時候，女性對物質生活要求往往並不高，甚至有時可以忍受很多委曲和艱難。

維揚李氏婦，早寡，以紡織自給，有子只有九歲。同邑的一個富人，見其美麗，非常垂涎，於是重賂李氏的鄰居，使為間。李氏的兒子將出去讀書，於是富人修了個漂亮的房子於其旁側，讓一干子弟於其中延師課讀。並說：「欲入塾者，勿拒。」然後讓鄰人以告婦，極言其便，婦乃使子往讀。富翁乘機拉攏李氏的兒子，李氏機智地婉拒，嘆曰：「是可得其情矣。」第二天就不讓兒子去上學了。富翁親自前來，婦讓其子謝過說道：「子之惠愈厚，子之過愈大矣。絕子，所以報子也。」富翁慚愧而退。[111]

在有兒子的情況下，很多寡婦表現得清心寡欲。她們面對重金之利，也往往不為所動。但這種執著不是每個寡婦都能做到，特別是在基本生計遇到困難的時候，守節撫子尤為不易。有些人可以恪守冰操，但也有很多人還是選擇改嫁。

楊文仲年甫十五，因伊母楊雷氏向張兆熊等言及夫死子幼，難以度日，張兆熊聲言不如改嫁。楊文仲不依，與張兆熊彼此互罵，張兆熊用凳向毆，經楊穀柱等勸阻，並未成傷，該犯順用鐵鋤格傷張兆熊身死。[112]

可見只是有兒子並不足以讓女性守節終老，有些人可以為兒子犧牲一切，而有些人也未必能做到。女性一但失去丈夫，面對守節與改嫁兩種選擇，雖然貞節觀念與封建倫理對清代女性有一定影響，但更多的女性在守寡後，主要考慮的是個人生計和未來的前途與希望。因此前夫家中有孩子有產業，就意味著自己的生活有保障，同時未來又有依靠，這種情況下，寡婦就比較傾向於選擇守節。是為了自己，也是為了子女的未來。

汪氏，名金，外嫁慈姑（地名），為兗州府同知彥良公，歸黃正寧生二女一男，男道萱年四歲正甯卒，汪時年二十八，下撫幼子，上奉舅姑，有子婦六，惟汪豐於奩，則時時出其私藏佐舅姑不給，洎寧卒，猶然。[113]

生活有保障，又有子女相伴的寡婦，寡婦選擇清心守節相對較多。但如果兒子與財產二者缺其一，能否守節就不一定了。

有小孩對於女人來說，意味著希望同時也是未來的依靠，在有子無產的情況下，很多母親為了兒子，即使生活艱苦也往往能守節終身。而對於有生活保障而無子女的情況下，女性守節更多的是為了自己的生存。

胡氏，名新容，玉川人，適在城董時明，年二十四守節，撫二孤，俱為納室，後長子夭，次子廢疾，家日落，二婦去，惟垂老鞠育二孫，日夕煢煢，人所難堪，壽八十四。[114]

胡氏的故事可謂典型，她二十四歲守節，為了兩個兒子含辛茹苦。二子成人後「俱為納室」，都娶了老婆。但天不作美，二子一死一廢。兩個兒媳也都離家而去。胡氏又開始為兩個孫子奔波勞苦。這個故事的獨特之處在於，胡氏婆媳兩代人，面對家貧子幼的困難局面，做出了兩種不同的選擇。胡氏為了自己的兒子和孫子，清貧中守節一生，但她的兩個兒媳似乎沒有這麼高的境界，她們選擇了一「去」了之。一個寡婦面對家貧子幼的局面，不同的人會作出不同的選擇，在守不守節這個問題上，「孩子」、「財產」和「人品」都很重要。但是和「人品」相比，財產和子女無疑是更重要的因素。有孩子，沒財產，是走是留看個人覺悟。但是如果夫家有財產，不論有沒有孩子，寡婦自己的意願多數傾向於守節。

江蘇蘇州席氏孀婦赤貧為夫守節，「雖在壯年，亦准給米，如有幼稚子女，照口發給，子壯其子停給，孀婦不停。」昆山王氏青年守寡，「除給食米外，每月加增火費七折，製錢四錢，以資紡織。」[115]

也有很多寡婦，既有孩子，又有財產，但是她們有時也會選擇改嫁。這種改嫁通常有兩個目的，一是為了保全前夫的財產不至於被族人吞食，二是為了解決勞動力問題。寡婦為使亡夫的財產不致被族人染指、吞滅，用招贅後夫的辦法，加以保全。如陝西「富裕之家，子女不願媳婦改嫁，而為之招夫。」[116]

廣西《荔浦縣誌》記有：「寡婦招夫養子，居其家室，占其產業，族人不以為異姓亂宗，往往贊成之。」等等。

增加勞動力，維持自身生活也是女性在有子女或有財產保障的情況下依舊選擇再婚的重要原因。也就是所謂的攜子再婚或坐產招夫。如陝南定遠等地，「婦人寡居生有子女，不能守者，招夫上門，名曰招夫養子。」[117]無論是「陪兒」或「撫子承差」、「招夫養子」，都是為了增加勞動力以解決日常生產生活中勞動力不足的問題。說白了，寡婦門前是非多，為了保全前夫的財產，寡婦們通常會「娶」個老公上門。

如果既無子女又沒有一定的財產，選擇守節無疑需要很大的決心和意志。這種情況下，相當多的女性會選擇改嫁。但也有少數人會選擇守節。總的來說，人類的社會生活雖然有自己的規律，但從個體角度講，有些事情為與不為也在個人道行。

捌

守節還是失節

——形形色色的「節婦」

「守節」與「改嫁」是女性失去丈夫後的兩個選擇，在長久以來，這一重要的抉擇往往與女性的品德掛鉤，被視為「貞」與「不貞」的體現。事實上，在清代改嫁和守節一樣普遍。各有得失，各有其風險。

改嫁可以另找生活的依靠，但要面臨很多風險，主要是：社會輿論的壓力、娘家與夫家的干預、還有所嫁非人的後果等等。

守節對於女性在身體和精神上是一種壓抑，但可以使女性在失去丈夫的情況下，繼續得到夫家的照料，還可以繼續撫養自己的孩子，以期待著有子榮母貴的那一天。同時通過守節也可以回避再婚的種種風險，不失為一種明智的選擇。清代很多守節的女性，究其守節的原因，雖然有些人不乏懷有「殉教」精神；但更多的人是秉持著十分理性的態度選擇自己的人生，在反復權衡輕重後，走上「守節」之路。

對女人來說，「婚姻」就是一份工作，如果丈夫沒了，是「續簽」還是「跳槽」一是看飯碗穩不穩，二是看個人發展有沒有前途，至於什麼精神壓抑不壓抑，身體感官快樂不快樂都沒有那麼重要。

說起守節，人們通常會想到，一個妙齡女孩，獨臥窗前，與青燈古佛為伴。但是你知不知道同樣是守節，有人守得心力憔悴，有人卻快快樂樂，不信你往下看。

守了節，卻丟了命

「合肥的吳氏，太學生徐乾妻，會稽人，博識工詞翰。著有《閨訓》十則。夫亡不食七日死，年二十五。遺《絕命詞》數章，中有：『魂依蜀岫雲，夢斷鵝湖月。』之句，康熙年旌。嗣子震元娶倪貸女，震元早卒，苦節五十年。孫烜娶羅氏，年二十九烜又亡。無子以侄嗣，守節三十一年。」[118]

合肥地處中國中部，位於長江、淮河之間的丘陵地區。東鄰滁縣地區，西界六安地區，南與巢湖地區相望，北與淮南市相連。合肥境內農業、水產、畜牧資源豐富，適宜稻、麥、棉、油料、菜、瓜、果、麻等多種作物的種植和豬、禽、漁業的發展。春秋戰國時，相傳楚國令尹孫叔敖，修建了合肥地區最早的百里蓄水壩——芍坡（今壽縣安豐塘），灌溉合肥以北淝河與沛河流域的四萬餘畝農田。東漢末，合肥境內傳人了牛犁耦耕。約在西元三—四世紀時，中原人民大批南遷，他們利用地勢，築塘興壩，整地為梯田。三國時，曹操屯兵巢湖，始興圍墾。南宋以後，巢湖沿岸稻田增多，逐步形成了合肥南部的圩田產糧區和北部丘陵崗地的雜糧產區。宋太平興國二年（西元九七七年），巢湖沿岸運往京城糧食達五百萬鬥。清雍正和乾隆年間（西元一七二三——一七九五），合肥地區農業有較大發展。安徽特有的經商文化，開拓了合肥人的視野，而讀書之風更是伴隨著經濟的發展日益盛行。一些讀書人家的女性，追求忠貞愛情和有品質的生活，守貞或殉節其實並非是一種宗教信仰，更是一種生活選擇。

徐家一門三位貞節女子，第一位女士姓吳，她的丈夫徐乾是一位太學生，屬於「高級知識份子」。吳氏本人則是一位當之無愧的才女，她對丈夫的感情是毋庸置疑的。在其絕命詞中寫到「魂依蜀岫雲，夢斷鵝湖月」，這個典故用的非常有趣，鵝湖相會是辛棄疾與陳亮的故事。

鵝湖書院是江西四大書院之一，南宋淳熙二年，朱熹、陸九淵、呂祖謙等人曾經在此召開著名的哲學研討會，淳熙十五年，陳亮約請辛棄疾與朱熹在鵝湖聚會，討論天下大事，辛棄疾與陳亮都是英雄式的人物。比較擅長理論與實踐的結合，而朱熹則是學院派，喜歡談學術，論道德。俗話說：「道不同，不相為謀」，朱熹回信說：「你們自己玩吧，我沒興趣。」於是兩個一心光復國家的英雄，就在鵝湖聚會了一通。英雄聚會也是訣別，鵝湖相會六年後陳亮去世。

吳女士沒有用司馬相如與卓文君的愛情故事，而是用辛棄疾與陳亮的鵝湖會來比喻自己與丈夫的夫妻感情，說明她和丈夫之間是一種志同道合的知己關係，而不是簡單的你親我愛的情人式夫妻。沒有了F4還可以再看看東方神起，白馬王子畢竟比比皆是，但是廣陵散天下絕，世間從此無知音，這種痛苦確實痛徹心底。吳氏面對丈夫的去世，孤獨與痛苦是可以想像的，她主動選擇了死亡。這種自殺與其說是殉節，不如說是殉情，殉知音。

殉情的人還有很多。比如：揚州一位老兄生了一個漂亮的女兒，美女回頭率肯定高了。好蜂成佳釀，好花易引蝶。這個女孩被鄰家男孩所傾慕，這個男孩是個讀書人，風度翩翩頗有小資格調。「帥鍋」一枚也令少女傾心，於是女孩就經常以採花為由，偷偷跑出去與男孩約會。花前月下的時光令人流連忘返，人一樂不思蜀難免被人發現端倪。於是女孩父母知而防閑之，兩個人的交往因此斷絕。父母的阻撓並不能阻止兩個年輕人相愛的內心，對於心如烈火的男孩來說更是思慕綦切，一日女孩突然到來，對愛人說：「過不了多久，父母將為我找對象。你趕快請媒人來我家向我提親，可能還來得及。」說完就急急忙忙地回去了。男孩趕快找到自己的父母「趕快找媒人，幫我向鄰居家的女孩提親」，男孩的父母早就知道兒子的「愛情故事」，心想一個女孩沒過門就和我兒子談戀愛未免太輕浮，而且搞不好是想高攀我們家，於是堅決不同意，但是在兒子的一再要求下最終勉強答應了。媒人領命而來，女孩的父母看出了親家的意思，便說道：「齊大非吾偶也，且知女私於生，恐異日不為舅姑所禮。」您家的門第太高，我們小門小戶配不上，而且我們家的女孩結婚前就和您兒子談戀愛，恐怕結婚後會被公婆小看，於是婉言謝絕，把女兒許配給別人。女孩知道後，哪裡能理解父母的苦心，傷心之餘吞鴉片自盡了，男孩知道後也殉情自殺。兩家父母皆大悔，卒合葬焉。癡兒蕩婦，頗乖風化，其情可憐爾。[119]

為「他」守節，卻愛著「她」

死去的人，有殉情而亡，死的無怨無悔。活著的守節者，也同樣有快活幸福的人。比如有一些「守節」的女人，她們的生活就並不痛苦。

清代有一個風俗，就是沒訂婚的女孩與已經死去的男人訂婚，然後一生守節，這種行為被稱為「慕清」。下邊就是一個「慕清」的故事，恐怕也會讓人對「守節」有另類的認識。

廣東有個姓許的女孩，過了標梅之年，眼看著女兒要當「剩女」，當父母的非常著急，於是就急著給女兒找婆家。許小姐知道後，不緊不慢找到媽媽談心。結果不開口則以，一開口女兒竟然要求慕清。找個已經死去的人當老公。媽媽一定以為女兒昏頭了，於是就和許小姐的父親商量，許小姐的父親斷然拒絕。女兒知道後，開始做老爸的「工作」：「嫁人如同押寶，嫁對人才會幸福，要是找個壞老公，還不如不嫁人，姐姐就是遇人不淑，結果結婚後還讓你們操心，要是我也和姐姐一樣歹運，你們不是更操心？而且我從小就是小公主，不會幹家務，要是受不了婆家的苦，我就得出家。如果讓我給一個死去的老公守節，無廢大倫，你們是希望我出家呢？還是希望我『慕清』呢？」

一番威脅父母只能順從。正好有個姓陳的人家，男孩剛到結婚年紀卻不幸死了，沒過門的媳婦不願意守著婆婆，陳氏寡母只此一子，那份孤獨無法言表，所以就想找個願意「慕清」的女孩，給兒子娶個媳婦，實際上也是想讓自己有所依靠。媒人打聽到許小姐的事蹟，遂成二姓之好。許小姐就高高興興地嫁了過去。結婚後，許小姐把家裡打掃得乾乾淨淨，焚香靜坐修身養性。陳家有個小姑，已許配給姓葉的人家，與嫂子很投緣。經常和嫂子聊天，結果許小姐大講自己的婚姻觀，把小姑說的心洞大開。「嫂子幾生修此清福，幸而未許嫁，嫁人哪有您現在這樣過得舒服。」轉過頭來，小姑就開始天天磨自己的媽媽，也要求慕清，母溺愛，曲從之。於是姑嫂同居，像夫妻一樣白頭偕老。[120]許小姐和陳小姐可以說是主動守節的代表，她們一輩子守節守得幸福快樂。其實說白了，她們也不過就是思想超前了一點，如果放到現在，這兩位絕對是高度自我的女性，追求自由與有品質的生活，不願意當個家庭主婦。當然，兩位小姐守節一點不寂寞，因為姑嫂同居，形同夫妻，細細琢磨一下，這兩位的性取向恐怕也有點曖昧。

如果說許小姐和陳小姐的性取向還比較隱晦，那《聊齋》裡講的《范十一娘》的故事就更加顯而易見。

范十一娘，年輕貌美，有文才，父母十分鍾愛她。有上門來求婚的，總是讓她自己選擇，但十一娘卻始終沒有一個中意的。適逢上元節，水月寺中的尼姑們舉行「盂蘭盆會」。這一天，遊客如雲，范十一娘也來了。正在遊玩觀賞的時候，有個女子一直跟在十一娘身邊，不住地打量她，像有話要說。十一娘仔細看了看她，是一位十五六歲的絕代佳人。十一娘很喜歡她，轉回身來盯住她細看，那女子微笑著說：「姐姐莫不是范十一娘嗎？」十一娘回答：「是的。」女子說：「久聞姐姐是個才貌雙全的女子，人們說的果然一點不假。」范十一娘也詢問她的姓名、住處。女子笑著說：「我姓封，排行第三，就住在鄰近的村子。」說著挽起十一娘的手臂。又說又笑，言語情態婉順溫柔。兩人相互愛悅，依戀不捨。十一娘問：「你怎麼沒有人陪伴？」三娘說：「父母早就去世了，家中只有一個老媽子，留在家中看門，所以不能跟來。」十一娘要回去了，封三娘目不轉睛地看著她，眼淚都快要掉下來了。十一娘也惘然若失，就邀請她到自己家裡去玩。封三娘說：「姐姐是個富貴人家，我和你又不沾親帶故。怕惹人譏諷！」十一娘執意請她，三娘才說：「改天再去吧。」十一娘摘下一股金釵贈給她，封三娘也從髮髻上摘下一支綠簪子回贈。十一娘回家以後，十分想念封三娘，拿出三娘贈給的綠簪子看，不是金的也不是玉的，家裡人都不認識，很覺奇異。十一娘天天盼望三娘來，總是失望，就病倒了。父母知道了她生病的原因，派人到鄰近村子打聽，卻沒有一個人知道封三娘。

到九月九重陽節，十一娘已病得憔悴不堪，感到無聊，就讓婢女扶著，勉強來到花園，鋪了褥子在東籬下觀賞菊花。忽然一個女子扒著牆頭往這邊看，仔細看時，原來是封三娘！只聽三娘喊道：「快來扶我一把！」婢女急忙過去扶她下來。十一娘又驚又喜，站起身拉三娘一同坐在褥子上，責怪她不守信用；又問她從哪裡來。三娘回答說：「我家離這裡還遠，但常來舅舅家玩耍。以前我說住在鄰近的村子，說的是我舅舅家。分別後我苦苦想念你，但貧賤之人同富貴家交往，腳還沒登門，心中先感到羞慚，恐怕被婢女僕人們瞧不起，所以沒有來。剛才從牆外經過，聽到有女子說話，就爬牆看看，盼望是姐姐，果真就是你！」十一娘述說了因思念而得病的經過，封三娘淚如雨下，感動地說：「我這次來你一定要保密，不然讓造謠生事的人說長道短，我可受不了！」十一娘答應了。二人一同回到閨房，同吃同住，一同說心裡話。十一娘的病很快好了，兩人結拜為姐妹，衣服鞋襪，總是換著穿。好的如同一人。

范十一娘，年輕貌美閱盡各路才子美男都沒有能入得法眼之輩。結果卻在一次出遊中，與封三娘一見鍾情。但是，身分差別，門第不同讓兩個「女同志」不敢放手去愛。兩個人互換信物後，依依不捨地分開了。離開了心愛的人，十一娘形同失魂，一病不起，而封三娘也日日思念情人，以致於偷爬牆角窺視十一娘，謀圖約會。果然功夫不負有心人，有情人終於又見面了，重逢的愛人形影不離，同吃同住甚至還換穿對方的衣服。如此情深意切恐怕讓現在的拉拉們都自慚形穢。

十一娘和封三娘為了能白頭偕老，他們選擇了共事一夫。和十一娘一樣，還有一些女人為了和自己的同性伴侶相愛終生，技巧性地選擇了為丈夫守節，最終卻發自內心地為同性愛人殉情。

好官是文人黃聲集的側室，黃聲集死後，婢女銀娘表示要服侍好官一生，好官與婢女銀娘相伴四十多年，兩個人一起削髮念佛，共渡餘生。好官去世後，銀娘悲痛萬分，感覺已經沒了生趣，不久也自殺身亡了。[121] 好官與銀娘的感情恐怕已經超出了一般的主僕之情，好官有銀娘陪伴可以在為丈夫守節的旗幟下與銀娘恩愛一生，而銀娘沒有了好官，如失伉儷自殺殉情。好官的丈夫黃聲集，如果在天有靈看到這麼「貞節」的老婆不知會做何感想？好官的「守節」生活想必不會太痛苦，有愛的日子畢竟是快樂的。只是不知道黃聲集活著時作為好官的丈夫，給自己老婆當了一輩子「電燈泡」是不是很快樂那就無從知曉了。

從我們開始學歷史，就被人灌輸，古代社會男尊女卑，守節的女人多麼痛苦。其實痛苦與快樂有時是一種心靈感受，就如同到口的飯菜，相同的菜肴，品嘗的人不同口感也不一樣。

我們覺得守節的女人血淚無邊，但是那些貞節列女們自己卻未必這麼看。有些人不想守節，但是卻不得不守，她們確實過得痛苦。但是也有些人，樂在其中，誰說同性戀和獨身主義是今人的專利？至於殉節，有些人可能是受了「古之大義」的騙，但同樣也有人是為了追隨自己的愛人。殉情自殺的癡男怨女直到現在也不是沒有。男人們看著那麼多的女人在自己死後還為自己「守節」，沉浸在巨大的成就感中。而那些享受「守節」生活的女人們，同樣用一種鄙視的目光，側眼看那些自鳴得意的男人們，歷史有時就是這麼惡搞。

玖

跳槽還是留任

——爲改嫁而努力

婚姻是生活中的一件大事，在中國古代傳統的婚姻觀念中，婚姻是基於天地陰陽之理，順男女自然之性，為國家社會之淵源。《白虎通・嫁娶》稱：「情性之大，莫若男女；男女之交，人情之始，莫若夫婦。」清人口頭上高唱：「夫有再娶之義，婦無二適之文」。但是，不論男人還是女人其實都不理這一套。

在清代社會，男性既是家庭的主人，也是家中的支柱。「夫是你天，不可欺心，天若塌了，哪裡安身。」[122]但在現實生活中「人有旦夕禍福，天有不測風雲」，丈夫這個「天」也時常有塌掉的時候。「丈夫」一死就締造出一個特殊的群體——「寡婦」。這是個激發起人們巨大興趣和極多關注的群體，可謂是「寡婦門前是非多」。為何「是非多」呢？因為農業社會裡，沒有醫保，沒有養老金。一個妻子如果失去了丈夫，首先面臨的是巨大的生存問題。被欺負了誰保護？誰下地幹活刨食吃？面對吃飯問題，擺在每一個寡婦面前不外有兩條路可以選擇，一是守節，二是改嫁。說起守節，人們往往津津樂道，但是守節是需要經濟基礎的，家裡沒有存款，節怕是不好守。當然，也有一些家境貧寒的寡婦依然選擇了守節，但更多的貧困的寡婦還是願意改嫁。

同時，清朝的男人活的也很悲催。除了少數的官二代，富二代外還有大批的魯蛇男。這些清朝的魯蛇男們沒車沒房沒學歷，但是卻有生理需求。大姑娘要價高，魯蛇男自然娶不起，而寡婦要求比較低，從而備受魯蛇男們的青睞。於是一條食物鏈就這樣形成了，清朝的魯蛇男需要「便宜」點的老婆，而「寡婦」則需要男人，並且沒有太多彩禮要求。大家都彼此需要，而且全是「剛需」（編按：剛性需求，相對於彈性需求，可理解為生活中的基本需求、必需品。），寡婦再婚指數也就一路高漲。寡婦的身價就很能說明問題。

表一 寡婦身價

姓名	再婚原因	身價	再婚對象	時間	資料來源
李三三	貧困	六千金	石方	不詳	《清稗類鈔．娼妓類一〇一》
萬人迷	貧困	四百金	不詳	光緒十三年	《清稗類鈔．娼妓類一〇三》
王氏	貧困	十二千文	趙友成	乾隆五十一年	議政大臣阿桂，五一．二．一〇
賈氏	貧困	十千文	王全喜	乾隆五十四年	議政大臣阿桂，五四．七．二
文氏	貧困	二十四兩	唐泳受	乾隆五十二年	湖北撫福寧，五六．七．一二
孫氏	貧困	三六〇〇文	伍大利	乾隆五十年	四川督李世傑，五一．一．二五
甘氏	通姦	十六千文	毛慎宗	乾隆四十八年	湖北撫姚成烈，四九．六．二三
陸氏	通姦	十五兩	董松高	乾隆四十五年	議政大臣英廉，四七．一〇．九
鄧氏	貧困	四八〇〇文	陳萬友	乾隆五十五年	議政大臣阿桂，五六．一〇．一四
羅氏	貧困	十兩	龍祥	乾隆四十六年	署雲南撫劉秉恬，四七．一一．一二
張柏氏	貧困	十四千文	張存亮	乾隆五十一年	山東撫明興，五一．四．二七

姓名	再婚原因	身價	再婚對象	時間	資料來源
腰娘	夫妻不和	二十四大元	劉番顛	光緒七年	臺灣文書，二九〇
林于娘	無子	十四兩二十大元	張子謹	光緒十七年	臺灣文書，二九九
李氏	夫亡	二十四大元	黃昌梅	同治八年	臺灣文書，二七五
李氏	夫亡	二十四元	林福能	光緒三年	臺灣文書，二八四
吳氏	夫亡	紅拂銀一〇六元	曾德海	光緒十八年	臺灣文書，三〇五
魏王氏	拐賣	三五〇〇文大錢	李三	嘉慶九年	刑案匯覽，七二三
徐氏	貧困	十五千文	杜奇	嘉慶十五年	刑案匯覽，一四五一
謝氏	夫亡	二十二元	陳徐	乾隆四十三年	議政大臣英廉，四七·五·二三
李氏	夫亡	銀三兩二錢，錢五二〇文	楊奎	乾隆四十三年	議政大臣英廉，四六·一一·一七
許氏	夫外出	一一五〇〇小錢	鄭可朱	乾隆五十一年	山東撫長麟，五三·二·一四
劉氏	拐賣	十千文		乾隆五十三年	四川督李世傑，五三·九·一四

上表是一張清代再婚女性彩禮金額表。清代幣值基本為銀一兩合錢一千文左右，除少數時間外，銀錢比價基本都在一比一〇〇〇以下。番銀一元大約為銀七錢左右。[123] 我們取一兩銀合八百錢計算。因此，從材料中看，再婚婦女的彩禮錢平均約為十一·二兩銀，其中最高的為銀二十四兩，最低約合銀四兩。

而清代初婚的彩禮錢大約為十一・七千文，[124]合銀十四・六兩左右。也就是說，寡婦再婚的彩禮價格和大姑娘沒什麼區別，可見其搶手程度。不過有人會問，既然身價差不多，彩禮都是一個價格，為什麼那麼多人要娶寡婦為妻呢，您請注意，彩禮相當於轉會費，是給娘家人的。清朝結婚絕不是請個婚慶，辦個儀式那麼簡單，除了彩禮之外還有一堆講究，俗稱「六禮皆備」才能把媳婦娶到手。但是要是娶寡婦為妻，除了給點彩禮外，其他就可以省省了。所以對於囊中羞澀的魯蛇男來說，娶寡婦回家是個非常不錯的實惠選擇。

再婚婦女年齡大，財禮與初婚女性相當，依舊是不愁嫁人，原因就在於，清代社會對再婚女性有巨大的需求。娶再婚女性的男人中，有一半是初婚。清代的男同胞由於生活貧困，年輕時缺吃少穿，掙夠了娶老婆的本錢後年齡又偏大，很難在未婚女性中找到配偶，所以就將目光轉到了寡婦身上。

俗話說「嫁漢嫁漢，穿衣吃飯」，古代的女人，婚姻就是一份工作。要是丈夫沒了，寡婦「跳槽」也就在所難免。社會的巨大需求，對寡婦形成無形的誘惑。

陳愛娘，沙港社陳本女。年二十五適蔡連，逾歲而寡。有勸醮者，氏嗔目怒曰：婦人從一耳，可再嫁耶？若輩慣陷人失節無再言，議遂寢……。

趙梓娘，潭邊社趙理女，年二十適黃勇。甫八月勇客死臺灣，勸之醮，堅執不移……。

這些貞節列女的事蹟裡都留下了受到改嫁誘惑的記載。當然，對於咱們的「列女」來說，這點糖衣炮彈當然不算什麼。但是在那個改嫁的寡婦成香餑餑，大受歡迎的時代裡，真正能夠冷心對月的寡婦是少之又少。堅守貞節者固然有之，但順勢而為者更加常見。

清代的文人們感嘆：「這年頭好女人實在是太少了，從孔子那會就教導女人要有點柏舟之志，但是女人們個個都那麼愚昧，怕餓死的人比比皆是，但是願意為貞節去死的女人卻沒幾個，人心不古真是時代的悲哀呀！」[125]守節者少，改嫁者多，已經成為社會普遍存在的現象。

以江蘇上海縣為例，從清初開始兩百多年的時間裡，史書所著的貞節列女達三千餘人之多，稱得上是個盛產「貞節列女」的地方。儘管如此，仍不能阻止眾多的寡婦選擇再嫁之途，「閭閻刺刺之家，因窮餓改節者十之八九。」甚至連一些宗室家庭的女子，在生計面前也不免於「失節」。例如道光二年四月初十日，由已故四品宗奕炳妻蔡氏與夫家所立的再嫁甘結。文中提到蔡氏因夫亡子死，亦無依靠，「不願守節，情願出其此姓，另外改嫁，再無反悔。」

寡婦改嫁市場太火了，以至於由此發生的經濟糾紛不斷。

湖南桃源縣就發生過這樣一起案子：李隴文是桃源縣的一個普通農民，嘉慶十五年十月，李隴文去世了。留下了一個壯年的妻子萬氏，李隴文生前沒有什麼家業，萬氏的守節生活自然萬分艱難。於是，萬氏決定改嫁。嘉慶六年，由族叔李文輝主婚，劉文紀做媒萬氏成功改嫁給了林宗文。娶寡婦不是免費的，林宗文向李家和媒人劉文紀支付了二十四兩銀子作為萬氏從李家調動到林家的「轉會費」。但是想不到的是，萬氏的這筆巨額「轉會費」卻成了一場人命案的導火索。改嫁頭一天，萬氏按規矩宴請李家諸親，並祭祀自己的前夫。酒飯過後，李家的一個叫李洪碧的遠房親戚，看著媒人劉文紀不順眼。心想：「我們李家的寡婦改嫁，你卻打著當媒人的旗號試圖分錢。」所以一把就把媒人劉文紀抓住，讓劉文紀把錢拿出來。劉文紀相當委屈地說：「我給你們當媒人，你們家才分我二兩銀子，已經夠少的，而且到現在還拖欠著沒給，我憑什麼給你錢？」這時，萬氏的一個堂侄叫李大順的，趕快過來勸架。李大順心想，「要是沒有劉文紀做媒，孀婦萬氏就找不到人家，萬氏嫁不出去大家都沒的賺，你和媒人發什麼瘋。」於是，李大順就趁機放走了媒人劉文紀，李洪碧把滿腔的怒火都發向李大順。兩個人拔刀相向，李大順被砍身亡。[126]

寡婦彷彿成了搶手的點心「香餑餑」，很多寡婦就想要另尋出路。失去丈夫的寡婦，待在原來的家裡，就像是生活在一個換了老闆的公司裡一樣。罩著自己的長官沒了，跳槽就成了很多人當然的選擇。但是員工想跳槽，新老闆卻不一定同意。於是想改嫁的寡婦和反對改嫁的宗族勢力之間開始展開博弈，「跳槽」與「反跳槽」的鬥爭拉開帷幕。

第一輪較量：淨身出戶

俗話說：「嫁雞隨雞，嫁狗隨狗」，清代的女性對丈夫有很強的人身依附關係。所以，在丈夫去世的情況下，夫家的態度對女性的再婚依然有巨大的影響。

丈夫去世後，其財產實際上處於寡妻與兒子共管的狀態。如何防止因改嫁引發的財產外流，成為了這場「跳槽與反跳槽」鬥爭的第一輪鬥爭焦點。

例如：會同縣的唐氏，改嫁蔣家，因無子就招胞侄蔣丙申照料家事，並為丙申娶妻，結果唐氏前夫之子宋學林常來看望，唐氏私給錢物，蔣丙申心生不愉，於是與唐氏的關係也大受影響，最終唐氏將蔣丙申夫婦趕出家門。[127]

唐氏是再嫁之身，因為再婚後一直無子就招後夫的胞侄進入家中，並為其娶妻，關係形同母子。但蔣氏雖然改嫁，卻並沒有與前夫之子脫離關係。每當遇到親生兒子的時候，唐氏依舊不免要動心救濟。然而這種母子情深在蔣家人看來，則是用蔣家之財施與他人私相授受，是肥水流了外人田。這就引發了蔣家與唐氏之間的矛盾衝突。

母親對親生骨肉的疼愛是普遍而永恆的，它不因改嫁而褪色，也不因子女歸屬的變化而改變。但這種愛，卻對父系血源為紐帶的家族制度形成了巨大的威脅。這種感情是任何力量都無法約束的，因此即使在宗法制度上作出了明確的規定，也無法避免糾紛的出現。

說白了，老公的遺產，寡婦只有守節才能享受，否則沾不到一點光。如果寡婦想要跳槽，那「原公司」的「股份」您必須交出來。明清時代的法律與民俗，為這種股權回購，設計了一整套計畫。

寡婦再婚，涉及到利益的流轉和勞動力的流動，很容易引發社會矛盾，所以法律不鼓勵寡婦再婚。《清律》，「再嫁之婦不得受封，所以重名器也。命婦再受封，義當守志，不容再嫁以辱名器」[128]

此外，夫家的財產，守節的寡妻可以代丈夫繼承也就是代表丈夫繼承丈夫的那份產業。「古繼承之法，父死子繼，子死孫承，無孫者則寡妻代位，承夫之分。」[129]

唐代法律有云：「食封人身沒以後，所封物隨其男數為分，承嫡者，加與一分，若子亡，即男承父分，寡妻無男承夫分。」[130]但是，無男承夫分是有條件的，就是寡婦必須守節，把自己留在家裡。在改嫁的情況下，寡婦本人必須放棄所有從丈夫家繼承的財產，這些財產也將重新進行再分配。這就是所謂「寡妻無男者……若改適，其見在部曲、奴婢、田宅不得費用，皆應分人均分」。

通過這種股權回購機制，婆家人不僅保障了本族資產不會外流，更極大地增加了寡婦改嫁的機會成本。也就是說，寡婦一旦改嫁就將面臨淨身出戶的結局。改嫁的寡婦們當然不會束手就擒，很多寡婦說，我既想改嫁，又要拿錢，於是寡婦與前夫家的「跳槽」與「反跳槽」鬥爭激烈展開。金瓶梅中孟玉樓改嫁西門慶，引發的家庭戰爭，就是一個例子。

孟玉樓的老公叫楊宗錫，還有個小叔子叫楊宗保（和穆桂英沒關係）。照理說楊宗錫死了，他的財產應該歸楊宗保所有。但是孟玉樓肯定不答應，因為楊宗錫的財產是孟玉樓與楊宗錫共同創業攢下的。如果孟玉樓改嫁，按當時的規矩她可以帶走隨身之物，但是什麼是「隨身之物」卻是說不清的事情，如果是個窮人家，隨身之物也許就是一身衣服，但是孟玉樓畢竟是富婆，除了房子外其他什麼金銀珠寶，首飾項鍊，古玩器具孟玉樓都可以說成是自己的「隨身之物」，於是圍繞這些「隨身之物」的去留，孟玉樓與楊宗保及其婆家舅舅之間爆發一場戰爭。

孟玉樓托人找到西門慶，想把自己嫁出去，兩人見面後，西門慶當場送了寶釵一對，金戒指六個作為見面禮，說好六月初二准娶。而且又說出楊老太太對親事也比較滿意，孟玉樓聽罷，心中很高興，這時西門慶告辭了。薛嫂又與孟玉樓誇了一頓西門慶才走。孟玉樓滿意了，可是他小叔子外加老舅張四就不樂意了。他們原想孟玉樓丈夫死了，可以分一半遺產過來，不想孟玉樓想全部改嫁帶走，這哪成啊？這位老舅怒氣衝衝地來找孟玉樓，他準備以小叔楊宗保的監護人的身分，跟孟玉樓攤牌，就是想要錢唄，那孟玉樓將如何對付呢？

孟玉樓一見老舅來了，當時就明白他要幹什麼。這位老舅先說道：「西門慶不是什麼好人，而且他家現在有正房娘子，你嫁過去，是做大呢還是做小呢？再者說，他家人多嘴雜，肯定要有是非打咧。」

孟玉樓一聽就說：「自古船多不礙路，人少也當家，他家若有大娘子，我情願讓她叫做姐姐，雖然房中人口多，只要漢子能做主，多點子人又何妨？若不是丈夫不喜歡，我一個人去也難過日子，況且富貴人家哪家沒有幾個三妻四妾的，你老人家不必多慮，我自有辦法。」張四一聽嚇一跳，心說：「呀，這女人早有準備呀。」於是又道：「西門慶打老婆出了名了，稍不如意，就把你賣了。你怎麼辦？」「四舅，您老人家差矣，男子漢雖厲害，不打勤謹省事的妻子。我到他家，把得家定，裡言不出，外言不入，他能把奴怎的？」張四道：「那他家還有一個大閨女未嫁，這關係如何？」孟玉樓一笑：「四舅您說哪裡話，奴到他家，大是大，小是小，待得孩子們好，不怕男子漢不喜歡，不怕孩子們不孝順，不要說一個，十個又咋的？」「還有一件最重要的事。」張四已經開始冒汗了，他不知該說些什麼好了，「西門慶是個流氓，弄不好，將來坑了你。」孟玉樓聽罷哈哈大笑：「四舅。您老人家又差矣，他個青年人，在外邊做點風流事在所難免，奴家哪管得了這麼多。常言道：『世上錢財身外物，誰是長窮久富家。』況且婚姻事都是前生註定的，奴家跟西門慶有緣，您老人家不用這麼費心費力地說了。」

這一段對話十分精彩，真是你有來言，我有去語，把老舅張四給說得張口結舌。張四被孟玉樓駁的接不上話來，又羞又惱，打算在孟玉樓出嫁的那一天，索性跟她翻了臉。

六月初二，孟玉樓出嫁。老舅張四提前把鄰居們都叫來，再開鬥爭會鬥孟玉樓。這張四今天算把臉拉下來了。對大傢伙說：「列位在上，楊宗錫和楊宗保都是我親外甥，如今大外甥不幸沒了，白掙了一場大錢。現在只有老二宗保在這，他還小，才十歲，由我作監護人。外甥媳婦要改嫁，這是你的自由，我不攔你，不過今個你要當著眾位高鄰的面，把你的箱打開，讓我們看看。是你的你拿走，是老楊家的都留下。」這不是公開的要搶東西嗎？孟玉樓兩口子掙的錢財，屬於夫妻共同攢下的財產，什麼是丈夫的什麼是妻子的哪能分的那麼清楚呢？要翻東西，只能是打架了。所以孟玉樓大哭罵道：「大傢伙聽著，楊宗錫不是我害死的，我改嫁也是萬不得已，我們掙的錢都買了房子，房子留給小叔，家具我一件也不帶，房產證都留下了。難道我女人家自己的東西您也要看嗎？」正說著，老楊姑媽也來了，她怒氣衝衝和張四大罵一場。孟玉樓乘亂跑到了西門慶家。

孟玉樓的故事就是寡婦改嫁與夫家爭奪財產的一個顯著例子。雖然說明清時代高唱女人要三從四德，但是如果把自己的心血拱手讓人，不論哪個女人也不會輕易答應。所以，每一個改嫁的寡婦，都千方百計地規避夫家的「股權回購」，將前夫留下的財產盡可能的帶走。趨利避害本是人的本能，更何況前夫留下的財產中也包含著寡婦自己的心血。

「劉銀貴是代州蘑菇村人，二十四歲，從小隨母親改嫁王姓。嘉慶二年歸宗，改嫁時林地十三畝，房三間和房基一塊都交給伯父劉申保管。後來母親和繼父都去世後，劉銀貴歸宗，向伯父的家人討還這些財產，結果引發了命案。」[131]

劉銀貴從小隨母親改嫁王姓。但他對本家的財產仍舊擁有繼承權，母親改嫁時劉銀貴還很幼小，所以財產由伯父代為保管，這顯然是劉家為了保全家族財產採取的一種變通。保管雖說不是贈與，但問題是什麼東西「保管」的久了，就不免難捨難分。真到了歸還時，就好像是割讓自己的東西一樣難受，於是矛盾就此暴發。

但如果改嫁的婦女享有分割財產的權利，則不利於家族財富的積聚。因此，對於婦女改嫁問題，家族的態度往往非常糾結。採取各種措施，防止財產外溢。通常的作法是，許一點錢財，將其打發了事。

例如《二十年目睹怪現狀》中，苟龍光打發苟才的眾老婆所採取的辦法。「龍光就自己當家。正是一朝權在手，便把令來行，陸續把些姨娘先打發出去，有給他一百的，有給他八十的，任他自去擇人而事。大、二、三、四，四個姨娘，都不等滿七，就陸續地打發了。後來這班人無非落在四馬路，也不必說他了。只有打發到五姨，卻預先叫承輝在外面租定房子，然後打發五姨出去，面子上是和眾人一般，暗底子不知給了承輝多少。只有六姨留著。」[132]

第二輪較量：道德貶低與形象醜化

在沒有了丈夫的家裡，寡婦是重要的勞動力。寡婦的改嫁對於夫家來說，不僅意味著一大筆彩禮的進賬，也意味著重要勞動力的流失。所以是留是放，就看夫家如何取捨。對於有些家庭來說留住寡婦這個重要的勞動力，是必須考慮事情。對改嫁行為進行系統地批判和醜化就被提上日程。

不論是小說還是民間故事，改嫁的女人幾乎就是「是非窩」，始終與缺德關係密切，她們被塑造成了性觀念開放並誘導其他女孩出軌的壞女人。比如，一些改嫁的女人被描繪成性癮極大的「花癡」。

《株林野史》中儀行父的妻子吳氏就是一個例子。《株林野史》是清人所作，此書雖然假託春秋戰國時代發生的事，但描繪的實際是明清風氣。首先文仲介紹了一下吳氏夫人的生平，「吳氏，乃是屠人女，稍有二分姿色，其性淫蕩，在家未娶時，即與人私通，有了身孕，服藥打下後，被他爹娘知道，要將他活埋，還是他嫂子替央下。適有人與他說謀，說與儀行父為妻。」基本上從一開始就把吳夫人定位成了「蕩婦」。吳氏與儀行父結婚後感情卻不錯，為什麼呢？因為物以類聚，這個儀行父也一樣是個「男花癡」。兩個性癮極大的男女碰到一起，雖然臭味相投但也終究會碰出矛盾。終於，儀行父迷上了美女「夏姬」，夫妻之間的感情開始動搖。有一天，儀行父喝多了醉醺醺的回到家，見了吳氏也不睬他，便自己睡去。吳氏很惱火，心想：「人有野花便不思家花，男人一有外遇就對老婆沒了興趣。待他睡醒了，我再言語挑逗他試試看？」到了半夜時候，行父酒醒了，喝多了的男人往往容易口渴。於是行父大喊：「快拿茶來我吃。」吳氏叫起丫環與他烹茶。行父又叫道：「我渴得緊，茶不用烹，拿涼水來我用便了。」丫環慌忙送過一碗涼水來，行父接過一飲而乾。原來行父這日與夏姬交歡，酒醉歸家，竟把那事忘了。喝了一碗涼水，遂生起陰症來。頃刻間，肚腹疼痛，面目改色，就在床上嗑頭打滾的痛起來。夫人道：「你是怎的？」行父道：「我肚腹痛的甚，夫人快救我。」吳氏道：「你與誰做那不長進的事，叫我救你。」一佯裝睡著，任他喊叫並不睬他。丫環聞聽此言忙道：「老爺雖然有些外事，今日疼痛如此，太太哪有見死不救的道理？」吳氏聞聽此言，也覺說的有理，遂說：「既然如此，你可將他腳上攬筋用口咬住，咬得他出汗即愈。」這丫環原是行父奸過的，一聞此言，逐即上床哽住攬筋不撒。夫人起來見儀行父，果然急得一身冷汗，肚中即不疼了，鼾鼾睡去。

到了次日，夫人起來梳洗已畢，將房門緊閉，拿了一根棒錘，用手揭起被來問行父：

「你在外邊交通那個淫婦？快快說來，免得老娘動手。」這行父見夫人動怒，夜間生陰又有實證，私通夏姬之事，從實說了一遍。吳氏聞聽此言，掩面痛哭罵道：「你相與這個淫婦，遂把老娘忘了。今日沒有別的，你寫一張休書於我罷，你娶那個淫婦，我另嫁便了。」行父慌忙道：「夫人莫哭，我今後再不往夏家去了如何？」夫人道：「你若不去，除非對天發誓，我方肯信。」行父即發誓道：「我若再往夏家去時，教強鬼拉去，萬世不得人身。那時，任憑夫人嫁於何人。」夫人道：「你果有真心，我就不打你了。」遂把棒錘擱下。到了後來，孔甯等三人同淫夏，被夏徵舒殺了，陳靈公又被楚莊王殺了，儀行父歸國之時，白日見夏徵舒、治等一夥鬼魂，索命而死，由了他的誓，此是後話不提。

卻說儀行父雖然如此說了，只是要哄過夫人，到了病癒仍天天同靈公留宿夏家，與夏姬百般淫樂，回來對夫人說朝中有事，夫人心中狐疑，一日拷問行父常隨的一個小廝說：「你主人出去，都是往那裡去？」這小廝都是行父囑咐過的，應道：「這些時，朝中事忙，遂只在朝房住下。」夫人大怒道：「料想你不肯實說。」叫丫環拿過一根竹板來，將那小廝打了二十。小廝被打不過，遂將衙門大事說了一會，以證語實，希圖免打。那吳氏那裡肯信，又打了二十，小廝只得將行父常往株林之事，從實說了一遍。夫人聞知遂命丫環拿繩子來，將他困住，等老爺來時好叫他對證。果然行父又從夏姬家回來，夫人迎著問道：「朝中今日又有何事？」行父一時不及對詞，說的半響不語。夫人道：「好！

好！你往夏家去，笑道我不知？」行父說：「我對夫人說誓，豈有還往他家去的？」夫人說：「現有干證在此。」叫人牽出那個小廝來，行父一見即知事犯。問道：「他是怎樣說的？」夫人將拷打之事說了一遍。行父道：「他是受打不過，持謊言搪塞，夫人不要聽他。」吳氏那裡肯依，說道：「我也不管你去不去，你寫一張休書與我，任我改嫁便了。」行父猶豫不肯，夫人愈吵愈發愈鬧愈惡。行父無奈，只得勉強寫一張休書遞於夫人。夫人道：「你得念於我聽。」行父念道：「立休書：儀行父，因夫婦不和，夫人情願將他休了，行父另娶，吳氏改嫁，永無悔言，立休書存證。」夫人聽罷，接來一看說道：「上頭並無腳手印，如何值得休書？」行父即與他打上腳手印，夫人便才收了。逐收拾箱籠回娘家去。行父不忍目睹，避在一旁。夫人毫無戀戀心意，窮日之力，悻悻回到吳家。其爹娘遂與夫人改嫁了一個木匠，因他陽甚微小，又私通了同行的木匠，名喚怯保，麈柄九寸有餘。那時怯保尚未娶親，摸著道個對頭，不知好歹，盡力一頂，吳氏著重，流血滿褥，昏迷而死。這話暫且不表。

《清稗類鈔》裡有這樣一件事：秀才趙蓉江受聘到東城寡婦陸氏家教書。一天晚上，趙蓉江正在讀書，陸氏敲門說：「先生一個人睡很孤獨，今晚風月很好，就讓我為你陪睡吧」。吳氏和陸氏對性的欲求可謂極度饑渴，性欲的無度是很多文學作品給寡婦塑造的標準形象。「女人不能從一而終」被硬生生地和「性癮」畫上了等號。改嫁的女人「性癮大」還不是最可怕的，更要命的是這種女人往往會教唆人學壞。

改嫁不僅被人鄙視，有時還要鬥智鬥勇。

上海有個姓黃的哥們，窮的過不下去，但是這位老兄人窮豔福深，妻子李氏頗有姿色。於是黃兄就和老婆商量對策，李氏說：「您一個大男人向我一個女人問計，我能怎麼辦，你是不是想賣了我？也好，賣我做妾可得百金，賣我當妓可得千金。」黃某人假裝拒絕。李曰：「你可以把我當誘餌，玩個仙人跳不就行了，假裝把我賣給別人，然後我再偷偷跟你跑。」黃某覺得主意不錯，於是就假裝李氏是自己的妹妹，賣給浦東曹氏為妾。過了三天，黃某想老婆了，就偷偷過去看李氏，曹某人不明就裡，熱情地留宿了自己這位大舅子。第二天，黃某要走了，把李氏叫出來要她偷偷和自己逃跑。結果李氏把臉一翻，訓斥道：「你把我賣在這裡，還想讓我和你跑？我哪兒都不去，你再不走我就叫人抓你。」黃某嚇得趕緊逃跑。媳婦從此化為黃鶴，一去而不復反。[133] 李女士嚴格地說不算寡婦，但是李女士跳槽的計畫堪稱經典，說白了在和老闆攤牌之前，您必須先找好下家，最好是入職以後再交辭呈最為保險。

不過笨一點的鴛鴦，運氣就不會那麼好了。

元氏縣崔存哥與無服族兄崔三猴兒比鄰居住。崔三猴的妻子李氏常往存哥家內行走，時間一長就與存哥通姦。雍正十一年崔三猴兒亡故，李氏改嫁元氏縣許門為妻，結果沒兩年許門又病故。李氏就想乾脆和自己的情郎結婚吧。於是雍正十三年十一月初九日，李氏跑到崔存哥家，大大方方地講你娶我吧。媳婦送上門，存哥當然高興，但是奈何彩禮錢開支不小，存哥怎麼湊都難以湊齊。存哥和李氏一商量兩個人決定私奔。於是兩個人連夜逃跑到甯晉縣。結果被官府抓住，崔存哥照例刺字發往雲貴川廣煙瘴少輕地方管束。李氏則挨四十板子，外加拘留兩個月。[134]

再婚對於寡婦來說，確為一條可解燃眉之急的路。但對這條路依舊充滿艱難。女性再婚的過程涉及到了家庭及其資源的重組，牽涉了多方的利益。改嫁，使很多親情受損，同宗反目。因改嫁引起的家庭矛盾，在史書上比比皆是。例如：浙江奉化的盧運太勒死堂弟一案。

故事說來有些蹊蹺，盧運太的堂弟盧守賢年少，其母單氏奉子改嫁給王春法。當時議定身價為二十千文，王春法支付一半，另一半留下，用作撫養盧守賢的飯錢，養到十六歲歸宗。盧守賢後來生了病，盧運太便想將其接回本家，並順便向王春法討要那十千文的飯錢。於是盧運太將盧守賢拐走，不料盧守賢思母心切，不願意與盧運太同往，一路哭罵。盧運太將盧守賢打傷後，擔心單氏不依，就將盧守賢滅口。[135]

盧運太對堂弟顯然沒有感情可言，為了十千文錢，打起了堂弟的主意。此案中，單氏改嫁其身價錢為二十千文，其中十千文為盧守賢的飯錢。實際上單氏是用自己的身價錢來養育自己的兒子。而這筆存放於王春法那裡的身價錢則為盧守賢的堂兄盧運太所覬覦。於是討要不成，反釀成人命，親情的淡泊可見一般。反之而言，盧守賢對自己的堂兄沒有一點親近感，哭著要找媽媽。我們由此也可以推想單氏與王春法結婚後，兩個人對盧守賢照顧還是相當不錯的，因此使小守賢喜歡上了新的家庭，從而淡化了對自己本宗的認同。

我國古代一直有「初嫁隨父母，再嫁隨自己」的說法，大體上，對女性再婚時是否有自主權，前輩學者各執一詞，觀點不一。滋賀秀三先生在研究婦女再嫁問題上，比較同意再婚婦女對婚姻擁有更多的自主權。然而也有很多學者認為，「妻子沒有任何人身權利，沒有人格。」[136]日本學者，專長研究明清社會經濟史的岸本美緒也持相似的看法。

有一首詩這樣寫道：「分釵劈鳳已聯年，就義何妨晚概愆。鳩以換巢難擇木，鶴經別調任更弦。也同豫讓傳千古，莫恨蘇章有二天。究勝世間長樂老，幾回生敬又生憐。」[137]這首詩描寫的是一個文人對一對再婚夫婦的恩愛情感既同情又礙「禮法」深感遺憾的心情。

一些宗族的族規，也對過門的寡婦「另眼看待」。江蘇《晉陵奚氏宗譜・義例志》中，就寫著奚姓娶妻，若「再醮來者」，譜中就「書側室某氏」，再嫁者竟然連當妻子的名分都給剝奪了。而光緒《苕溪吳氏家譜》乾脆規定：「娶孀婦不書」。[138]

很多地方甚至出現了「或不能守，其姊妹多恥之」，[139]「彼再嫁者，必加戮辱，出必不從正門，輿必毋令進宅，至穴牆乞路，跌足蒙頭，群兒鼓掌擲瓦石隨之」[140]的習俗。這種可怕的局面，對女性的再婚無疑形成了巨大的壓力。

但是這一切依然阻止不了寡婦再嫁的衝動，清代女性在再婚時無疑比初婚有更大的自主權，於是很多寡婦紛紛再嫁，以另謀出路。

對於再婚的寡婦，娘家和婆家對其再婚行為均有一點的發言權，與初婚婦女相比，寡婦再婚涉及到子女撫育，公婆贍養等問題，牽扯到的人際關係更為複雜。

為了能控制寡婦們的跳槽衝動，在寡婦和宗族之間能求個平衡。中國人在婚姻制度上做了不少大膽的創新，發明了很多奇奇怪怪的「改嫁」方式。

一些貧困的家庭無力為男子另謀新婦，往讓弟娶亡兄之妻或讓兄繼亡弟之妻，在民族學上這叫做收繼婚姻，此種婚姻在清代也廣為流行。

如陝西、鄂西、湖南、四川叫「轉房」。湖北又作「就婚」、「續婚」、「挽親」。鄂北稱「倫婚」。山西呼「接交」。四川也叫「嫂就叔」或「叔接嫂」。浙江金華一帶呼「插花婚」，臨海等地作「接面」，浙南叫「續親」。閩中有稱「接節」的。廣西、江西叫「轉婚」、「轉書」。贛南作「升房」等等。

由於弟娶寡嫂，兄收弟妹，牽涉到手足倫理之情，所以為清朝政府所禁止，《清律》將其歸入「嫁娶違律」一類，照規定是要處以絞刑的。但在具體量刑時，考慮到不同情況，仍有所斟酌。凡「曾向親族、地保告知成婚者，男女各擬絞監候，秋審入於情實」；

「如由父母主令婚配，男女仍擬絞監候，秋審時核其情罪，另行定擬。」[141]之所以作此通融，是因為類似情況，在不少地區的下層民眾中實在太普遍了。從傳統禮教的角度，不得不立法予以制止，可實際上又糾不勝糾、辦不勝辦，所謂法不責眾，只好處於民不告官不究的狀態。

反對寡婦改嫁是為了保全家族財產，並增加家庭中的勞動力。但是寡婦的「改嫁」需求確實是剛需，如何協調這其中的矛盾？有時候中國人的道德是極端靈活的，靈活的比哈裡波特的掃把轉彎還快。於是一種既能滿足寡婦再找老公的欲望，又能保留寡婦與婆家的關係，還能為婆家再招聘個廉價勞動力的辦法被發明了出來。

「寡（婦）（恐）人占其產而坐以招夫，鰥夫再得利其產而計圖寡婦。媒妁說合有產之寡婦，可多得謝金，故有產之寡婦即可居之奇貨也。」[142]

甚至一些宗族出於保全財產與名節的考慮，主動為寡婦招夫。如陝西洛川一帶「富裕之家，子女不願媳婦改嫁，而為之招夫。」這是夫家作主，為寡婦招夫。廣西《荔浦縣誌》記有：「寡婦招夫養子，居其家室，占其產業，族人不以為異姓亂宗，往往贊成之。」在岑溪，「或子死以媳招夫為繼子，亦受田宅，雖與理不合，而鄉人習以為常。」寡婦招夫，承襲原夫財產被人們普遍接受。這一做法也得到政府的允許，乾隆十一年規定：「坐產招夫，聽從民便，若私昵圖謀，有傷風化者，應申禁族鄰稟逐。」[143]所謂招夫，實際上就是再找個老公但是卻不脫離原來的家庭，簡單地說就是寡婦「娶」個老公上門。既解決了沒有男人的問題，也保留了與前夫家庭的姻親關係。

改嫁與反改嫁的鬥爭與寡婦們的生活相伴相生，婚姻是女人一生的職業，改嫁其實就是跳槽，就是女人給自己換「公司」另謀生路。而夫家反對寡婦改嫁，反的主要是兩點，一是防止自己的買賣資產流失，二是在沒有了男人的情況下，避免勞動力外流「保持公司團隊穩定」，畢竟「人心散了，隊伍就不好帶」。一些家族玩「兄終弟及」，對寡婦採取了家族內部消化的做法，讓弟弟娶嫂子。還有一些家族讓寡婦「娶個老公」進門。既滿足了寡婦再嫁的需求，又擴大了「企業」規模。同樣也是基於這兩點考慮作出的靈活變通。有些公司，考慮的是擴大規模，保持人員隊伍穩定，防止資產外流。而有些公司，則想方設法地進行裁員。於是在寡婦「改嫁」的問題上，有些女人想改嫁但是遭到反對，有些女人想守節卻無法如願。在「跳槽」與「反跳槽」的鬥爭激烈展開的同時，另外一場鬥爭「續簽與解聘」的鬥爭也在同步進行。

拾

續簽還是解聘
——爲守節而鬥爭

如果把家庭比喻為一個公司，那麼每個「公司」的經營狀況和經營理念都不一樣。面對老闆去世，公司面臨困境。有的「公司」期望員工能同甘共苦，當寡婦提出改嫁時，就上演了一幕幕「跳槽與反跳槽」的鬥爭。而有些公司則將裁員作為克服困難的手段，千方百計地想把「寡婦」開除出去，當寡婦們不願被「開除」時，她們紛紛打起「守節」的旗幟，於是在「守節」的旗幟下「續簽」與「解聘」的鬥爭也在同步開始。

主張把寡婦開除出去，主要是為了節省開支，減輕家庭負擔，而寡婦再婚身價高，從中有利可圖也是重要原因。把家中的寡婦「解聘」轉嫁他人，不但能省下不少支出，還能掙一筆「轉會費」何樂而不為呢？

在整個社會高唱「貞節」讚歌的同時，更多的人是在處心積慮地設法讓寡婦「失節」。為了「減員增效」，也為多掙「轉會費」。一幕幕逼婚的醜劇在中國不斷上演。說穿了寡婦再婚其實是一樁買賣。

清代社會，按財論嫁之風盛行，特別是寡婦再婚更具交易性質。

屈崇山妻劉氏，鄠縣人。崇山去世後，劉氏和婆婆一起居住。康熙三十年，婆婆動了改嫁兒媳的心思，劉氏不從。婆婆哭到：「再這樣下去，我活不了幾天了，你如果答應我改嫁，我還能多活幾天！」劉哽咽說道：「那就聽您的，我同意改嫁有錢人，得到點錢養活您。」於是劉氏找了個大富豪再婚了，大富豪很高興，擺酒祝賀，結果酒席過後卻發現，劉氏自殺身亡了。[144]

有寡婦嫁人而索重聘，媒曰：「再醮與初婚不同，誰肯出此高價？」婦曰：「我還是處子，未曾破身。」媒曰：「眼見嫁過人，今做孤孀，哪個肯信？」婦曰：「實不相瞞，先夫陽具渺小，故外面半截。雖則重婚，裡邊其實是個處子。」[145]

由於寡婦再婚具有更強的買賣性、交易性，因此也就產生了較多的利益糾紛。江西德化人李氏，三十一歲喪夫（乾隆四十四年九月），留下兩子窮苦無靠，夫兄四人勸其改嫁撫養幼子。於三十三歲喪服未除改嫁。得彩禮三十二千，十九千還夫債，十三千由夫兄四人均分。[146]後因夫弟再向媒人索要禮錢，引起鬥毆，傷夫弟身死，官判李氏離異歸宗，追還媒錢。

根據乾隆初年定例，寡婦改嫁有夫家父母主婚，夫家無例應主婚之人，始得有母嫁主之。同時，《大清會典事例》對此作了進一步說明，「孀婦自願改嫁，翁姑人等主婚受財，而母家統眾搶奪，杖八十。夫家並無例應主婚之人，母家主婚改嫁；而夫家疏遠親屬強搶者，罪亦如之。」[147]

因此喪偶婦女再嫁的主婚權以婆家為主，娘家為輔。即只有在公婆故世情況下，娘家父母才能獲得主婚權。由於主婚權不是空洞的，它直接與財禮的分配相聯繫，所以婆家和母家都想獲得這一權利。

「河南寧陵縣楊氏，六十一歲，女兒楊氏之夫趙九進乾隆四十五年六月二十二故。今年二月初，因女兒窮苦難守，和趙九母宋氏商量把女改嫁，應允，將女許給喬維三，得了十八千禮錢，送宋氏八千，十千都是小的收回。」[148]娘家人在寡婦再婚的問題上還是有很大的影響力和發言權的。而且很多婦女受傳統影響，往往不能主動表達再婚的願望，因此也需要婆家與娘家人一同做工作，動員寡婦再嫁。

動員寡婦再嫁婆家與娘家可以合作，但一涉及到分錢，往往各不相讓。這一點從很多再婚女性財禮糾紛案件中可以看出來。

曹閏姑，道光七年十一歲時，經媒說合給賴文洪之子賴三為妻，三年後正式過門。道光十二年，曹父死母嫁，娘家也「無有伯叔至親」，夫家遂以六千文錢的價格將她賣給年過五旬的吳方吉為妾。曹不從，乘機跑到母舅胡在應家哭訴。胡聽後「駭異」，即同鄉約、鄰居將賴文洪告上了巴縣衙門。巴縣令最後判「賴三賣休、吳方吉買休」，將買價錢六千文買布給與曹閏姑做嫁妝，曹尤其舅胡在應領回，擇戶另配。[149]

婦女再婚，買賣性質非常明顯。再婚的女性又奇貨可居，也就招來很多人的「惦記」，婆家和娘家人對女性再婚帶來的利益都垂涎三尺，加之社會輿論的壓力，女性再婚往往身不由已。

河南的王寧氏，四十二歲，老公不幸死了，婆婆家裡窮的揭不開鍋，就讓堂叔王國興做媒，把王寧氏改嫁給別人。王寧氏不從吵鬧，鄰居徐士珍站出來見義勇為。中國的活雷鋒不好當，哪個年代都一樣。徐士珍多嘴讓堂叔王國興很生氣，結果把這個好鄰居活活打死了。[150]

王寧氏的遭遇可以說是婆家經濟破產，想「解聘」兒媳，意圖減員增效甩包袱的一個典型案例。

女人對子女命運的擔憂，也是她們不敢輕易改嫁的一個重要原因。

男孩子因母改嫁而轉與他人，在清代被稱為隨母子。隨母子與繼父之間的關係也是一種親屬關係，但這種親屬關係非常不正規。按照《禮記喪服篇》有「繼父同居者」一項的說法。簡單地講，就是隨母子與繼父之間分為三種情況，第一種情況：隨母子本人沒有大功以上親人，且繼父也無大功以上親人，大功親就是指祖父母，叔伯兄弟，兄弟和從兄弟，且隨母子與繼父同居同財。在這種情況下，繼父如果死了，隨母子為其服齊衰不杖期的服制。第二種情況：先同居後情況又發生變化，比如繼父又有了親生子。在這種情況下，隨母子與繼父的關係降為齊衰三月。第三種情況：隨母子與繼父一開始就缺少三個條件中的任何一個。這時，隨母子和繼父一起生活也沒有親屬關係。[151]

儘管禮制對隨母子的地位做了明確的規定，但當繼父也擁有了自己的孩子後，這種同母異父的兄弟親屬對於以男性血緣為紐帶的家族來說，就像一枚定時炸彈一樣，隨時可以引爆脆弱的家族關係。

林清發的父親去世了，母親朱氏招贅了周阿旺為夫，和林清發一起生活，平時相處也一向和氣，結果有一次，雙方因賣豬肉問題，發生衝突，周阿旺將林清發失手打死。[152]這一案件中，周阿旺屬於招贅婚。政府的判決是這樣：

> 查已死林清發之母朱氏居喪招贅周阿旺為夫，按律雖應離異，惟居喪嫁娶律應離異之婦，與其夫及夫之親屬有犯，例內載明仍按服制定擬。如周阿旺毆死朱氏，例應以毆妻至死論，則毆朱氏之子至死，即應以毆死同居妻前夫之子科斷。……至朱氏居喪再醮，律有明條，該司議將該氏依居夫喪而身自嫁娶律擬以滿杖，系屬按律辦理，惟聲明該氏業已成婚，即與犯奸無異，照例的決。查居喪改嫁與婦女犯奸，全無廉恥者不同，未便竟予的決。朱氏應照居喪改嫁律擬杖收贖，仍照律離異歸宗，以昭平允。

從這判決中可以看到政府對周阿旺與朱氏的婚姻判定不合法的依據是「居喪嫁娶」，而不是再婚本身。其次判決中的態度比較靈活，雖然周阿旺與朱氏的結合屬於「居喪嫁娶」，於法有違，但清律還是認定「居喪改嫁與婦女犯奸，全無廉恥者不同……與其夫及夫之親屬有犯，例內載明仍按服制定擬。」也就是說，政府還是默認了這種親屬關係的存在，承認了這種事實婚姻。說到底繼父和隨母子之間本來就沒什麼感情，所以關係難相處也在情理中，孩子們的態度也是很多寡婦改嫁是重要的顧慮之一。

今天很多人可能會覺得，寡婦也是女人，也有生理需求。所以，不論是婆家還是娘家，鼓動寡婦改嫁似乎是很「人性」的事情。但是就像邱少雲有「軍人生理學」烈火燒身不懼怕一樣，寡婦也有「寡婦生理學」。對於生理需求，寡婦們可以通過各種辦法解決，可以通過各種方式的自我克制來抑制自己的性衝動，實在不行還可以通姦。性需求絕對不是寡婦們決定是否改嫁的主要考量。寡婦生理學的第一原則是吃飽肚子，如果說婚姻只是一份工作，那麼寡婦們是跳槽還是續約全看利益薄厚。

沒有男人可以，但是沒有飯碗不行，因此不是每個寡婦都想改嫁。寡婦們是個非常悲催的群體，有些人想走不能走，而有些人想留卻留不下。寡婦再婚在某些人的眼中是一塊唐僧肉，不論是娘家人還是婆家人，都想狠狠地吃上一口。再婚對很多寡婦來說確實是一個機會，她們可以擺脫生計之艱另尋「老公」。但機會中也蘊涵很多風險，時常會被周圍的「親人」利用，當成了甩包袱的機會或是一樁發財的生意，而她們自己一不小心就會身不由己的在「無邊苦海」上繼續漂泊，甚至連守節的機會也會隨之失去。

和人們印象中，視面子為生命的形象不同，中國的很多家庭其實非常前衛，完全體諒寡媳再婚，甚至還將此種「寬容」寫入族規。「至若子女俱亡，公姑無靠，不能謀生者，亦可不必強守。」[153]「或有家貧，無一可守，而勢難終守者，聽其別為調停，族規無庸苛責。」[154]

面對不懷好意想把自己「開除」的「親人」，明清時代的寡婦為了保住自己的「飯碗」，打著「守節」的旗號與婆家甚至是自己的娘家人之間展開了一連串「續簽」與「解聘」的攻防戰。

第一輪較量：守節與逼婚

逼婚是寡婦守寡後，首先面對的困難。

丈夫死了，寡婦沒了依靠，家裡又僧多粥少，自然要打寡婦的主意，逼寡婦改嫁也是常有之事。

如《二十年目睹之怪現狀》中的苟才，為了討好大帥，下跪叩頭，強迫兒媳改嫁。苟才道：「我此刻明告訴了媳婦，望媳婦大發慈悲，救我一救！這件事除了媳婦，沒有第二個可做的。」少奶奶急道：「你兩位老人家怎樣啊？哪怕要媳婦死，媳婦也去死，媳婦就遵命去死就是了！總得要起來好好的說啊。」苟才仍是跪著不動道：「這裡的大帥，前個月沒了個姨太太，心中十分不樂，常對人說，怎生再得一個佳人，方才快活。我想媳婦生就的沈魚落雁之容，閉月羞花之貌，大帥見了，一定歡喜的，所以我前兩天託人對大帥說定，將媳婦送去給他做了姨太太，大帥已經答應下來。務乞媳婦屈節順從，這便是救我一家性命了。」[155]

其實，妻子如衣裳，本就是可以送來送去的。貞節不貞節，也要看家人領不領情。

荀才的兒媳，哭罷後說道：「我此刻不傷心了。甚麼三貞九烈，都是哄人的說話；甚麼斷鼻割耳，都是古人的呆氣！唱一齣戲出來，也要聽戲的人懂得，那唱戲的才有精神，有意思；戲臺下坐了一班又瞎又聾的，他還盡著在臺上拚命的唱，不是個呆子麼？」[156]

守節是不是受人敬仰，被人歡迎，也要看觀眾的態度。沒有懂得欣賞的觀眾，也就難以有動人心弦的好戲。荀才的兒媳婦也算看破世道，至少她的屈節可以換來個「大帥」的小妾身分，也算衣食無憂。而很多更倒楣的寡婦，面對淨身出戶的「解聘」則堅決要求與夫家「續約」。寡婦一旦守節，她在夫家的地位實際上會被降格，從正式家庭成員降格為准正式家庭成員。因此，寡婦時刻面臨被開除的風險，開除這些寡婦的理由五花八門。比如「不聽話」就是一例。

江蘇通州的張氏，丈夫去世，生有一個孩子。為了養大小孩，張氏沒有改嫁，乾隆十一年，婆婆將田地分開，張氏自己過活。由於分家單過，婆婆嫌張氏不常來照顧，所以就強迫她改嫁翟風，張氏堅決拒絕，所以改嫁沒有成功。張氏的要求得到政府的支持，理由是婆家想要解聘寡婦是可以的，但是前提是雙方必須協調一致。單方面解除合同是不允許的。

還有比張氏更悲催的，比如陝西的馬氏嫁給了一個叫雷天經的讀書人，兩個人領養了一個孩子，取名雷興業，小雷娶妻李氏。然而不久，雷天經病死了，馬氏就和自己的兒子兒媳一起生活。然而不幸的是，馬氏還有個叔公，也就是丈夫雷天經的叔叔叫雷耀先。雷耀先在雷天經父親在世時，就與他們分過了。本來是八杆子打不著的親戚。但是一看到馬氏寡居在家，只和養子與兒媳同住。於是雷耀先就打起了侄媳婦的主意。雷耀先找到了光棍張雙魚，兩個人一拍即合，說定十五兩銀子的身價，將馬氏轉嫁給張雙魚。雷耀先帶著自己的兒子雷甯，殺奔侄媳婦家，馬氏見狀趕忙關門。雷耀先手持斧子劈開「寡婦門」沖進院子大喝將馬氏拉走，這時馬氏的兒媳李氏過來保護婆婆，不小心被雷寧用刀砍死。

馬氏的命運可以說是相當不幸的，俗話說「十年媳婦熬成婆」，馬氏已經熬成婆婆了，按說應該算是出了頭。但是面對丈夫的叔叔。她依舊只是這個家裡的準正式成員，不僅不能參與家族事務，而且還面臨著被嫁賣的命運。馬氏的不幸連官府也有點看不下去了。官府對雷耀先說：「你的罪按法律，應該是兩年有期徒刑加八十大板，按說你符合減刑的標準，一你是馬氏的長輩，二這次又屬於犯罪未遂。本來判兩年流放，可以免去八十大板。但是，鑑於你拿斧子劈寡婦門，又鬧出人命，你小子太囂張，不打一頓太便宜你了，你先在我這裡領打，打完了你再流放。」[157]

有時，寡婦們為了不被夫家「解聘」，甚至以死相拼。

詹人壁胞侄詹伯章病故，遺妻劉氏孀守。詹人壁曾每月幫給錢文，添補用度。嗣因家貧無力資助，劉氏時出怨言，詹人壁慮難終守，勸令改嫁，劉氏剪髮不從。

後劉氏屢向詹人璧索錢吵鬧，詹人璧因貧難養贍，立意將劉氏改嫁，捏稱劉氏自願改醮，托陳鳴岐媒合，覓得娶主孫萬貴，抬轎往娶。劉氏聞知不肯改嫁，在房哭罵，詹人璧氣忿，主令孫萬貴用強搶娶。孫萬貴允從，隨將劉氏兩手捆縛，按入轎內抬至孫萬貴家。尚未成婚，詎劉氏不甘失節，乘間投繯殞命。[158]

詹人璧照顧侄媳，叔侄之間本屬大功親，關係不比親生父母那樣近。但是寡婦如果守節，亡夫的家人是必須要照顧的。但是如果亡夫也是貧下中農，親戚也是一幫貧民，讓這些人去照顧本家的寡婦，確實有點強人所難了。詹人璧就是這樣一個例子。自己本來是勉強糊口，自己吃飯已經不易，又碰到一個潑悍的「節婦」侄媳婦，強嫁侄媳其實也是無奈的下策。面對飯碗裡的窘境，家庭中的倫理道德不得不向現實低頭。以詹人璧為例，他是劉氏之夫的叔叔，侄子死後，留下一個寡婦。劉氏堅持守節，叔叔就盡資助之責，說明對於守節的寡婦，家族其他成員有幫助的義務，但詹人璧自己的生活也不寬裕，這讓他有了甩包袱的想法。其實對於某些家族來說，有時養活一個貞節列女結自己掙點「臉面」，還不如嫁出一個屈節之婦給自己省點糧食銀錢來的實惠。

族人勸寡婦再嫁，甩包袱的用意十分明顯。寡婦們活在世上，很多事情身不由己。每每一想到自己被婆家人當包袱一樣甩出去，不僅失去代夫承份的權力，又嫁不了一個意中人，還落下個不守婦道之名。很多寡婦們心如刀割，寧可與青燈古佛相伴了此一生。

女兒在出嫁後，原則上就與娘家脫離了關係。在財產分配方面，娘家的財產主要分給沒有出閣的女兒，嫁出去的姑娘通常沒份。

常言道「嫁出去的女兒潑出去的水」，但是面對巨額的彩禮錢，「潑出去的水」也變成了搶手貨，娘家人也按捺不住躍動的心，紛紛想從中分到一杯羹。比如楊長春的故事，就更加有意思。楊錦的胞弟楊長春得了個公差，和妻弟楊明一起，去廣東海關赴任。按說這是好事，可是偏偏樂極生悲，一路勞苦加上體質不堅，楊長春一到廣東就病故了。

「楊錦痛弟情切，一時心迷，總疑伊弟未死，赴粵探悉委係因病身斃，回京後懷疑莫釋。嗣楊長春屍棺到京，楊明即邀屍兄楊錦、屍母鄭氏，因棺蓋尚未下釘，揭開看明，將屍棺埋葬。後楊氏之母唐氏以伊女夫亡無子，家貧難守，向楊氏之姑鄭氏商允，欲令其改嫁，隨將楊氏接回，主婚改嫁與任統信為妻。楊錦聞知，即以伊弟身死不明等情呈控。」[159]

楊氏之母唐氏，在女兒守寡後擔心女兒家貧難守，所以主動提出讓女兒改嫁。為此她與親家母鄭氏商量，而此事的可疑之處在於楊長春與小舅子楊明一同赴廣東，然後就很快身死，隨後楊氏家人就提出讓楊氏改嫁。這種做法引起了楊長春家人的懷疑，最終楊長春的胞兄楊錦以胞弟死因不明為由提起訴訟。

此事可以作兩點解讀：首先，唐氏要讓女兒改嫁，並找到女兒的婆婆鄭氏商議，而鄭氏竟然也沒有反對的意思。說明娘家人對女兒的再婚問題是有發言權的，此種權力並不違反當時的公序良俗。其次，楊錦心有懷疑，但只能以胞弟死因不明為由提出訴訟，說明為寡婦另尋婆家的作法，並不違反當時的法律。

於是，政府的判決也很有分寸。「楊氏依夫喪未滿改嫁系由伊母主婚，律得不坐，仍離異歸宗，系屬照律辦理。惟查該氏居喪改嫁，固干離異之條，究非身犯姦淫者可比。且事由伊母主婚，後夫又不知情，若因此而令三易其夫，未免輾轉失節。況奪自不知情後夫之家，而歸於主婚改嫁之母家，於理亦不為順。查本部辦理，現審有因貧賣妻，律干離異，仍酌情斷歸後夫完娶者，似可仿照辦理。將該氏斷給後夫任統信領回完聚。」

政府的意思是，楊氏改嫁本來沒什麼，但是就是太著急了，您老公剛死就改嫁，確實不太厚道。但是，改嫁確實沒犯法。如果非要判定唐氏離婚，守喪三年後再允許她改嫁，等於讓她一生嫁了三個老公。就像電影《讓子彈飛》裡的縣長夫人，老公換了幾任，最終花落誰家，就看哪個老兄命硬。這樣判決也有點沒水準。所以，官府告訴楊氏，你改嫁太著急是不對的，但是批評教育一下，嫁就嫁了下不為例。

如果說婆家的干涉如狂嵐暴雨，沖滌了寡婦們的依靠，讓她們來不及品味失去丈夫的悲傷，就必須尋找新的靠山。而娘家人對寡婦再婚問題的干涉則靜如止水，在脈脈溫情的包裹下斬斷了她們回「家」幻想。有時寡婦們不得不採取激烈的方式加以拒絕。

王賜紱妻時，黃平人。賜紱出行，宿於翁丙，為苗所殺，棄屍箐中。時行求得之，告官，得苗五，俱伏罪，時年二十一。母欲令更嫁，剪髮、烙左頰，毀容矢不行。[160]

此外，除了父母與公婆外，凡是和寡婦沾親帶故的人，基本上都會打寡婦的主意。畢竟是一塊到口的肥肉，誰不想吃一口呢？

「余得盛因伊母藍氏主婚，將孀侄婦林氏改嫁與卓化雲為妻，嗣藍氏往卓化雲家坐索尾欠財禮，卓化雲之母吳氏及林氏無銀給還，潛即外出，藍氏生氣，乘間自縊身死。」[161]叔叔將侄媳婦林氏改嫁給一個叫卓化雲的，本來想乘機撈一筆，結果碰到一個無賴，光要人卻沒錢給，俗話說：「橫的怕不要命的。」余得盛的母親藍氏就來了個一哭二鬧三上吊，結果這個上吊卻弄假成真。誰家有個寡婦那可是奇貨可居，騙跑了自己家的一個寡婦卻不給錢，那就好自家的萬貫金銀被人偷走，也難怪余得盛的老媽會氣得上吊。

江蘇沈高氏供，七十三歲，生子沈白林，娶媳袁氏，乾隆四十七年二月兒子病故，小婦家窮，賒欠衣衾棺木錢有十多兩銀子，不能措還，又養不活媳婦，作主將媳婦嫁出，得財禮銀十二兩，償還棺木各欠。[162]

甚至連親生兒子也用嫁母親的辦法還欠款。

陝西史月花，拉船度日，父死故四年，母李氏，因家貧，外欠又多，乾隆五十年臘月自己做主將母改嫁馬姓，得了十四兩銀財禮，還了父遺下的帳。（議政大臣阿桂，五一•一〇•八）

寡婦們打著貞節的旗號，反對「解聘」要求續簽，通常會得到社會或官方的同情，但是如果偷腥被抓住小辮，被嫁賣通常就不會再有人反對。「三十如狼四十如虎」形容年輕的寡婦，並不為過。在中國通姦和「貞節列女」並不矛盾，關鍵是你是否被發現。如果沒被發現，你是貞節列女，如果被發現，不好意思，您只能被「開除」。

陝西長安縣的楊氏就是這樣的例子。楊氏的老公叫岳維武，乾隆五十九年，岳維武去世了，楊氏守著一個兒子，決定守節。但是守節與女人的性生活並不衝突，關鍵是性生活不能讓人知道。楊氏與自己的小叔子岳明一來二去暗生情愫，岳明和寡嫂常來常往，時間一常難免露出破綻，於是岳維武的大哥就和親家商量，決定把楊氏改嫁給劉倉為妻。楊氏被人抓住把柄，節婦眼看做不成了，只能答應。岳明知道後，以為情婦變心，就怒氣衝衝地前來找楊氏問罪。楊氏哭訴道：「咱們的事情被捅出來了，搞得我節婦當不成，連兒子都顧不上了，你現在又不讓我改嫁，我能怎麼辦，你還有沒有良心？」結果一對情人在爭吵中，嶽明失手將楊氏打死。[163]

寡婦們不想改嫁，但是周圍的「親人」都想讓她們改嫁，於是「守節」與「逼婚」就成了雙方第一輪較量。如果寡婦夠堅決，也有勝算的可能。但是對於那些戰勝了周圍的「親人」成功獲得「續約」的寡婦來說，事情到了這一步遠不是萬事大吉，接下來還有一輪更艱苦的戰鬥等著她們，這就是「立嗣」之爭。

第二輪較量：繼承人誰說了算？

「應繼」與「愛繼」是過繼孩子時的兩種習俗。「應繼」就是指立嗣時，按血緣關係確定繼子人選。「愛繼」就是按寡婦的喜好，確立繼子人選。

到了清代丈夫財產繼承必須由夫家男丁接管。但是民間的習慣依舊是以「房」為單位，劃分家產。所謂「房」就是每個成年男性只要娶妻，就獨立為一房，不論其是否去世，本房財產只能在房內流轉。但是這種分房繼承的制度有個前提，就是必須有兒子作為繼承人。寡妻只能在兒子成年之前，代行管理之責。有兒子的寡婦固然可以「守著兒子」等出頭，如果沒有兒子怎麼辦？那就需要從別家過繼一個兒子。從明代開始，對於寡婦過繼嗣子也有嚴格的規定。

首先，從明朝開始，就用法律的形式，規定寡婦如果無子，就必須過繼一個孩子作為丈夫財產的繼承人。

夫人夫亡無子守志者，合承夫分，須憑族長擇昭穆相當之人繼嗣。（《大明會典》

1587.19、26）

立嗣立誰，誰說了算？這成了無子的寡婦與「親人」鬥爭的關鍵。明代初期，朱元璋為了加強戶口控制，對寡婦過繼的權利做了一系列限制性的規定，比如，明朝初年規定，寡婦過繼要和族長商量，選擇人品好的人立為繼子。[164]而後，在西元一三六九年，明朝又一次立法說，「過繼小孩應該先選男子同父周親，其次為大功，小功等等五服之內的親人，如果都沒有，再選擇遠房親。」[165]也就是說侄子有優先繼承權。

如此一來，侄子與寡嬸之間就成了法律規定的「候補母子」。如果亡叔小有錢財，對侄子來說真的是天上掉下來的禮物，只是寡嬸的命運難免會很悲催。明朝的法律對嬸侄不合也做了個補充規定。「若繼子不得與所後之親，聽其告官別立，其或擇立賢能及所親愛者。若於昭穆倫序不失，不許宗族指以次序告爭，並官司受理。」[166]說白了，如果侄子不聽話，寡婦可以另立自己喜歡的人為繼子，但是，必須先立自己的侄子。如果越過了這個次序，就叫「越繼」。這種做法明顯不利於寡婦，人們發現，這樣便宜侄子，欺負寡婦的做法造成了一個嚴重後果，就是女人可以用「劈腿」這種最簡單的方法反擊。所以到了明末清初，社會對這種侄子繼承叔叔財產的規定做了一種有趣的變通。

法律不變但是可以靈活執行，通常情況下，只要寡婦肯守節，政府就把立嗣的選擇權交給寡婦。如西元一七三〇年一個有權有勢的周姓公子病死了，留下了一個十九歲的妻子周張氏，妻子身懷有孕，不久這個女孩生下一個孩子，而且還是個兒子。但是不幸的是，這個男孩在十八歲時病死了。周張氏擔心自己的兒子沒有後人，於是想給自己的兒子立嗣，而夫家的親戚卻想給她的亡夫立嗣，理由是，周張氏的兒子沒有成年。於是雙方把官司打到官府。官府對這件事情的評價和描述非常有趣，把那些周張氏的姻親形容為「貪心」，並稱這些親人視周張氏的財產為「俎上肉」。最終官府決定「全貞婦之志」，讓周張氏選擇她喜歡的人立嗣。[167]

守節的寡婦，甚至可以借助道德的優勢挑戰公婆。西元一八八二年，江西一個寡婦，在丈夫去世後被公公趕走了。隨後公公為自己的兒子立嗣。這件事鬧到知縣董沛那裡後，董沛的判決很靈活。縣令大人說道：「嗣子按規矩要和繼母生活，並且贍養繼母。」公公將兒媳趕走，然後和過繼的孫子同住，顯然不合適。所以董縣令將這個非法的「繼子」下令遣回本家，由寡婦來選擇一個人品昭穆的人當繼子。

儘管法律條文對寡婦不太有利，但是寡婦通過守節來獲得道德資本。這種貞節本錢成功地扭轉了司法實踐，使得立繼的司法活動在實踐中朝著有利於寡婦的方向偏轉。寡婦的這種勝利來得十分不容易，她們的成功在很大程度上還得益於對手太爛。那些想強迫寡婦按自己意願立嗣的「親戚」，總是讓官員們分不清他們這麼做是為了倫理還是為了財產。不論他們用什麼樣的倫理綱常包裝自己的訴求，官府都覺得他們是想奪取寡婦的財產。一個叫胡學純的縣令就抱怨說：「那些和寡婦們爭奪立嗣權的人，哪裡是為了什麼綱常倫理，分明都是衝著寡婦的錢去的。口口聲聲說什麼家產是輕，綱常倫理為重，這種屁話對我講，簡直是在挑戰我的智商。」這種對爭繼者的鄙視，更促使官方把立繼的權利交給守節的寡婦。

有些寡婦千方百計的想跳槽而夫家卻想留，雙方為此頻頻開戰。相反有些寡婦卻想續簽，留在夫家，但是夫家卻使勁想裁員。於是雙方在逼婚與反逼婚，誰來掌握立繼的權利等問題上互相往死裡掐。掐來掐去其實大家心裡都明白一個道理，貞節是女人的飯碗，也是男人的臉面，對女人來說貞節守不守，就看飯碗在哪裡。對男人們來說臉面要不要，要看臉面值幾個錢。打著打著都累了，就跑到官府和世人面前，進行一番是誰「不要臉」的爭論，然後雙雙把什麼道德廉恥丟到一邊，繼續往死裡掐。

拾壹

公理還是後門

——旌表貞節的細微門道

在人們的印象中，傳統的中國女人似乎「視節如命」，對「貞節」的偏好，幾乎遍及社會的各個角落。除了風塵女子及所謂下九流女性外，沒有哪個女人敢對「貞節」不屑一顧。但是尊敬英雄不代表人人都會去當英雄，「餓死事小，失節事大」的名句，其實沒能禁錮女人的身體，但是卻禁錮了我們的雙眼。

在清朝，旌表貞節是一件大事，主管部門除了中央政府的相關機構外，還有地方當局。各級政府如此熱衷於此，原因也很裝箇單，除了誇耀本地民風，給自己臉上貼金外，更主要的是給本地老百姓樹立道德榜樣。因此在地方誌和其他的文獻資料中，貞節列女的故事被大量收錄，這些女人的「優良」事蹟表面上，千人一面，但事實上，每個女人，都有自己獨特的故事，她們每個人的身世背景，守節的原因都不相同。

血統純正論出身

清代受旌表的貞節列女，數量巨大且分佈廣泛，但論起出身及家庭背景，卻十分有規律。究其原因，要從清政府旌表女性的政策說起。

話說明代以前雖然已有貞節旌表的制度，但那時封列女，立牌坊這些七七八八的事情尚未受到朝廷及社會上層的高度重視，受到旌表的人數也不太多，那時候的貞節列女們在平常人的眼中大多被認為是道德高尚的「聖女」，大家對她們多是敬而仰之，但還很少有人想真正的效法她們，事實上在哪時人們的心中，「聖女」的德行，平常的人學也學不來。

但是從明代以後，政府開始意識到，想要家和萬事興，治國平天下，就必須在女人堆裡樹立正確的榮辱觀。於是為了弘揚社會正氣，旌表女性開始受到重視，並逐漸走向制度化，相關的規定也更加細密。洪武元年朱元璋規定：「今凡孝子、順孫、義夫、節婦，志行卓異者，有司正官舉名，監察御史，按察司體覆，轉達上司，旌表門閭。」[168]清代基本繼承了明朝的傳統，「貞節列女」從高高在上的道德榜樣開始向民間推廣。

但是，榮譽永遠都屬於少數人。傑出女性的光榮稱號不是那個女人都能得到的。凡是獲得榮譽的女人，除了運氣與成績外，「關係」同樣重要。「大多數」在歷史上永遠無法留下姓名，真正能青史留名的，永遠都是少數人。我們能讀到的歷史，都是由「少數人」構建的。

凡是想名列榮譽榜的女人，出身是否血統純正很重要，因此文人之家的女孩是首選。例如「諸生孫稟鈞十二歲娶婦姚氏，其父亦稟生。」[169]又如「生員胡舜華妻李氏，年二十一。齊素守節，足不逾戶者四十餘年，婢雙喜感其苦節遂不嫁。」[170]文人家庭出身的女孩子如同「貞節列女」中的「基本教義派」，她們當中有一部分人，對貞節的推崇真誠而又嚴格。

再如延慶的王氏：「王氏是生員焦希哲的妻，結婚不到三年希哲就去世了，王氏年方二十一，孩子才不滿百日。親族中很多人都勸她改嫁，氏以死自誓。王氏不顧貧苦堅持作女工撫養公婆和孩子，直到五十多歲去世。」[171]

在第二個例子中，王氏為庠生焦希哲的妻子，在丈夫去世後，她為了撫育孩子，堅持守節至五十歲。文中寫到，王氏甘於貧苦，一心撫養幼子照顧翁姑。一個賢妻加良母的形象展現在世人面前。在困難面前，王氏對子女和老人的考慮超過了對自己處境的擔心。但史書記載卻不局限於此，不僅塑造了王氏的賢慧與慈愛，更突出描寫了她對「貞節」信仰的堅定態度。在「親族有哀其幼寡欲改適」的情況下，王氏不僅拒絕而且「以死自誓」。這種生動的記錄，將王氏描繪成了一位「貞節至上」的堅定理想主義者。

天下的書都是知識份子寫的，因此在吹噓自己的時候，知識份子往往不忘突出自己的身分。史書的記述中非常強調知識份子家庭貞節列女的「學術」修養。這不僅是為了這些女性樹立碑傳，也是在宣傳讀書才能正人心的道理，知識份子自吹自擂與政府管控思想的欲望吻合，知識份子家庭的女孩在評比上就撈了個近水樓臺先得月。

除了文人外，官員之家也是出「貞節列女」的大戶。

「許人鋪未婚妻王氏，義成人，侍郎王茂蔭孫女，年十六字許，十九夫故，氏在室守貞，至四十四歲歿夫家郡城。」[172]官員家的女性常受旌表，除了「幹部」身分起作用外，還與很多清代官員兼具宦海中人與儒學名士的雙重身分有關。

「大學士李天馥夫人李氏，合肥人。事姑張太夫人最孝，病中刲肉和湯藥進之太夫人，出鄉賢都御淳之。後年未三旬即為夫娶副室瞿氏。所生長子天馥也螽生樛木之德，凡再傳猶著矣。」[173]李氏是大學士李天馥的夫人，她的事蹟格外讓人感動，甚至可以說令人驚奇。李氏為了治好婆婆的病，剜自己的肉拌在藥中，讓婆婆喝下。做法之極端堪比臥冰求鯉。如此好兒媳，哪個敢說她不孝，誰人敢論其節操不高？這還不算完，李氏在自己婚後三年不到，主動為丈夫繼娶側室瞿氏，清代的男人對女人最大的不滿就是妒與悍，而李氏主動戒妒去悍，發揚了樛木之德，絕對是清代男人心目中完美的老婆。在文獻的記錄中，李氏不僅受到了旌表，其形象更是被打造得光輝而又完美。

官員家的女孩，上頭有長官抬舉，下邊有文人吹捧，想不傑出都很難。相比之下，平民百姓家想脫穎而出就難上加難，這些平民家的女孩不但要事蹟出眾，還要符合政府的需要。不僅要條件達標，更要有好運氣。

以下再舉幾個例子：

鮑氏，名粹女，北關人，適河西巴正葆，年二十二寡，遺子亦殤。家貧甚至借屋以居，值歲祲，掬澗水充饑，壽六十九。[174]

汪列女，許字竦川鮑立昂，未歸夫歿，女願歸守志，時翁遠客逾期，女恐他變，請於母，迎姑謁見，絕粒八日死。[175]

王氏，良馬村趙治安妻，夫死無出並無親族，紡績自給，苦節至八十一歲。[176]

事蹟很嚇人吧！老百姓想當列女，不僅要有邱少雲那種「粉身碎骨都不懼」的精神，還要符合政府的需要。政府需要老百姓做什麼呢？用四個字概括就是「忠臣孝子」。

首先政府要通過鼓勵女人守節，來刺激男人盡忠。人們常說，女人是戰爭中的弱者，不知誰講過「戰爭請女人走開」。但是真正需要女人走開時，很多人卻不願意。不僅僅是戰爭本身想要找幾個女人來裝扮。政府也需要女人來製造悲情，為自己贏得戰爭。於是女英雄就這樣被塑造出來，只是在那個鼓勵女人大門不出的年代裡，中國人欣賞「女英雄」不是英勇戰鬥的卓亞也不是打僵屍的愛麗絲，而是一種叫做「列女」的物種，她們以求死而非求生來面對戰火。

「潘維藩妻王氏，城破之日奉子大計小安，女文姐投水死。潘維藩母聶氏，城破因家人昔被殺，慟哭死。潘維寅妻陶氏，城破氏攜六歲女煥姐投水死。」[177]

「國朝汪門雙烈，姑婦也。姑劉氏，婦余氏，素慈孝。雍正九年，大甲西番作亂，焚殺居民。姑急謂婦曰：『義不可辱，當各為計』。語畢，遂自刎。婦方抱姑屍而哭，逆番猝至，遂觸垣死。乾隆間旌。」[178]遇到兵火戰亂，女人都可以與城共存亡，男人當然也不能屈居女子之下。

什麼是列女？首先她的行為必須符合政府需要，必須是高揚社會主旋律，能夠激發正能量。用女人求死的行為激發男人求戰的心理，非常有利於維護政府的統治。

但是，如果女人的死與維護社會穩定無關，那麼您的「節烈」行為能否被社會關注就要看實力與運氣了。所謂實力，就是看女人背後的關係。

清代對女性的旌表有嚴格的規定，必須經過名人推薦，然後由各級政府層層把關，要想被旌表就必須有人擔保推薦。女孩子的家庭背景與社會關係往往發揮著重要作用，一些社會賢達的舉薦對於女性能否受旌表非常重要。否則，管你什麼三貞九烈，一樣可能淹沒無聞。

通常說來，當選貞節列女，除了事蹟感人外，有名人推薦極為重要，否則酒香也怕巷子深。以臺灣地區為例，林資、蔡鴻飛、洪作舟等地方名士，就是推薦貞節列女的大戶。如金門的林雲璋，為當地生員，他一人舉薦九名女性。再如洪作舟也是當地一位名士，一人舉薦十四名女性。

這些舉薦人都是哪路神仙呢？細算起來身分大體有三種。

第一種是地方文士，如生員、監生等，這些「知識份子」和官府關係本來就深。

臺灣的沈氏，後浦人，老公叫許克似。結婚不到三年老公就去世了，沈氏只有二十二歲，公婆都臥病在床，沈氏選擇了留守夫家，一邊照顧公婆，一邊過繼了一個孩子。七十五歲去世。咸豐元年。沈氏的老公有個族親叫許瑞瑛，是個貢生。說起來就是個通過州府考試，進入國子監讀書的學生，相當於大學生吧，許貢生知道自家有這麼個模範女性，立刻找到了自己的學弟，秀才郭以鏡聯名向官府彙報，秀才見官是可以不磕頭的，而貢生則是官員的後備，理論上說只要畢業合格，貢生可以至少當個知縣或是擔任地方的高級教育職務，比如蒲松齡就是貢生，得了個「儒學訓導」的銜。所以官府不可能不給這兩位面子，於是趕快頒發「榮譽證書」，一塊「節烈可風」的匾額沒過多久就掛在了許家門前。[179] 文人推薦的例子還有很多：

陳氏栽娘，下坑人；適後浦許金田。年三十守節。卒年五十（黃厥英記）。[180]

洪氏妹娘，後浦人；珠山鄉薛夢麟妻。夢麟在實叻病故；聞訃，絕粒數日不死，旋自縊。年三十五（廩生洪作舟述）。[181]

士人作為官與民之間的中間階層，起到了溝通上下的作用，對於旌表女性這種光大本地民風的事，士人通常十分熱衷。因此在封旌女性的過程中，士人通常作為舉薦人，頻頻向官府推舉本鄉貞節列女。

第二種則是官員作為舉薦人。

明太祖時即詳細制定關於旌表節烈的規定，各地巡方督學每年將地方上貞節列女的事蹟上報，然後由政府審批通過後建立旌表亭、貞節牌坊，表彰貞節列女，在物質方面也規定相應的獎勵措施。保舉義夫節婦是地方官的職責，不盡力者將會受到處罰。洪武二十一年（西元一三八八年）榜示天下：「本鄉本裡有孝子順孫、義夫節婦及但有一善可稱者，裡老人等以其所善跡，一聞朝廷，一申有司，轉聞於朝。若裡老人等已奏有司不奏者，罪及有司。」[182]哪個地方幹部敢隱匿不報列女的英雄事蹟，朝廷是要問責的。

清代也非常重視對貞節婦女的旌表。康熙五十九年覆准：「節孝昭著，所司不核明詳報者，交部議處，所屬上司，不轉詳題請旌表者，交部一併議處，通行八旗直省一例遵行。」[183]

旌表貞節列女，對官員來說本來就是一件光榮事，舉薦不力又有被問責的壓力。所以各級幹部也旌表本地的貞節女子自然熱情極高。

薛氏金閨娘，珠山鄉薛允中女、前署金門鎮薛師儀胞妹。幼習詩書，適李洋鄉訓導鄭紀南。同治十一年，紀南病，日夜奉湯藥，衣帶不解於身、粒米不入於口。紀南歿，遂服洋藥自殞以殉。夫妻一時並逝，鄉紳為之感泣。縣丞郭炳章錄報在案。[184]

許氏玉娘，官裡鄉許允敬女、前水頭生員黃元善妻。二十四歲守節，卒年七十（營員黃炳南述）。[185]

第三種熱心此事的人就宗族長老。

清代社會多是聚族而居，所以宗族勢力的強弱對於女性能否受到旌表發揮著直接和巨大的影響。族長和族中的前輩眼睛緊盯著家中女人的下身，也非常樂於旌表本族婦女，好給自家爭臉面。

陳氏轉娘，陽翟人；適汶沙保人黃月。年二十四守節。卒年七十二（房長黃超溫）。[186]

周氏素娘，後浦馬團妻。年二十九守節。現年六十二（鄉耆老黃尚報）。[187]

鄉紳階層熱衷於旌表年輕女子的「貞行烈舉」，因為這種旌表是一種重要的社交活動平臺；對於鄉紳階層而言，多多旌表「貞列」女子，是一件無本萬利的榮光之事，也可以送個順手推舟的莫大人情。

列女多為名門後

想成為「年度最傑出女性」必須通過士紳、宗族長老和各級長官的提攜才能成功。那麼一個女孩怎麼才能和這三種人搭上關係呢?這就要拼拼這些女人背後的關係網絡。中國人辦事喜歡講親情,「遇困難找親戚」是一個固定的思維模式。所以,依靠宗族的力量被評比入榜,是中國人當仁不讓的首選。

以澎湖的許家為例,澎湖許家從福建遷往澎湖,人數達萬人,可以說在當地人多勢眾。因此許家的聲音,官府也比較容易聽到。許家的女孩名列史冊自然也容易的多。林豪的《澎湖志》記錄女性三百三十二人,其中許家姑娘達一百二十多人。

許氏受娘,董林鄉許真女;適金門城陳廷芬。年二十六而寡;子方六歲。母家憐其貧,饋薪米。同室疑母家欲奪其志;氏聞之,即禁止母家勿來。日夕紡績,撫子成立。辛年五十三(以下辛承烈述)。[188]

許氏緩娘，後浦人；適官路邊陳盛。盛充左營字識，從軍死。一女在抱，氏年二十二守節。螟一子，事姑孝。卒年八十四。[189]

許氏和娘，官裡鄉許克殿女；適前水頭鄉監生黃秦。夫亡，年二十六守節。撫姪衣。[190]

金門許氏，祖籍福建同安。為明代萬曆年間渡海赴金門，至今金門仍有許氏族人一萬餘人，而臺灣本島及東南亞的許氏族人達數十萬眾。

由於保持了聚族而居的形態，所以許家乾脆將本族中「貞節女子」打包申請，榮評列女。整個大清朝澎湖女子獲得「列女」這一榮譽的人中，許家人拿下了將近一半的指標。

再如金門的翁家也不簡單：

李氏，古甯頭人；半山鄉翁主妻。年二十七守節，撫其夫弟及子文拱成立。現年七十九。

王氏款娘，東沙人；半山鄉翁待妻。年二十一守節；遺腹生一女，撫嗣子成立，事姑孝。現年五十七。[191]

楊氏雲娘，湖下人；半山鄉翁江聳妻。二十九歲，夫亡。姑劉染娘尚存，姑媳相繼守節。現年四十九。

李氏蘇娘，古甯人；適半山翁文維。生二男一女；年二十八守節。次男稍長，從師讀書，脩金半出於紡績。現年四十九。

陳氏圭娘，山外人；適半山翁地。年二十七，夫亡；抱養一子。現年六十三。[192]

翁家本身就自產文人，自家的媳婦自家人推薦當然便利，所以翁家的媳婦個個貞節。比如上邊的幾個列女舉薦者就是本族生員翁慶元。

誰家的姑娘嫁到翁家基本上就離當「模範女性」不遠了，嫁入翁家的女孩能有這種好命除了翁家比較會挑媳婦，選的媳婦人品可能還算過的去外，最主要的原因還是歸功於金門翁家在當地的巨大影響。

中國人向來主張「嫁出去的女兒潑出去的水」。但是這只是局限在分家產的時候。如果嫁出去的女兒得到榮譽，這盆水娘家是不會不要的，相反她獲得了榮譽，娘家也要想方設法地分點光。

很多家譜中都有《列女》一章，收入大量貞節列女的事蹟，不僅收入本家媳婦，對於出嫁的女兒也大力旌表。「出嫁女子未便與入門婦人同列，故別為外傳附此編後。」[193]

因此，女子恪守貞節，在清代成為家風嚴謹的體現。「名門之家，女孩最守規矩，不僅勤儉持家，而且能恪守貞節，如果老公死了，要麼自殺追隨丈夫，即使沒有死的人，也以『未亡人』自居，照顧老人養育孩子，一個人度過一生。為什麼呢？因為名門之家的女孩如果改嫁，在家裡就會成為過街老鼠人人喊打。所以守節在當地習以為常。」[194]說白了，誰家列女多，說明這家家風正，規矩嚴格。如果誰家要是有失節的女人，那就得全家排斥，誰見到都可以攆走。讓她在親戚當中陷入「人民戰爭的汪洋大海」。因此就像今天的人比誰錢多，比誰的小三多一樣。清代的家族也攀比，其中一條就是比誰家列女多。

所以受旌表的貞節列女中，同宗同族一門數節的例子比比皆是。

> 生員汪本蓬妻高氏，年二十四夫故，撫六月之孤成立，娶婦餘氏。子又亡，與婦相依撫孫艱辛備歷。[195]

黃謹妻李氏，年二十二夫故無子，弟幼無可繼。矢志守節孝事舅姑。謹弟煥生子登嵩、登嶽，以登嵩為謹嗣。二年煥又亡，妻程氏年二十二，與李同志撫孤成立。[196]

還有妯娌一同守節的例子。

陳景昭（一作時）未婚妻莊氏，名珠娘，莊連女也。年十八，未婚而景昭故。珠娘知道後，脫掉首飾和華麗的服裝。家人擔心她自殺，於是多方防範，珠娘假裝和大家說笑，趁大家不備，自殺了，事後和她的未婚夫合葬在一起。珠娘還有一個同族姑姑叫金娘，也是未婚丈夫就死了，金娘出家為尼姑，為丈夫守節一生不嫁人，還有個妹妹叫勸娘，還沒嫁人，母親病了，勸娘割下自己身上的肉餵母親吃，母親吃過後，病就好了。天底下的貞節列女真的是都跑到莊家去了！[197]

甚至還有母女兩代人同守節，一起相依為命。

江氏，三湖庠生成章妹、四湖廩生廷元妻。年三十寡。現年五十八。其女元娘為謝聲智妻，母子雙節。[198]

很多貞節列女基本上都是一家人，或是不同程度的沾親帶故，這種情況的形成主要有兩個原因：

一是清代的老百姓常常是幾世同堂聚族而居，一大家子人生活在一起。所以每次遇到重大的自然災害或是社會變動，常會出現滅家滅族的悲劇。因此，一場大災難比如戰亂或是瘟疫過後，就會湧現出一批滿門列女的家族。

除此以外，另一個更重要的原因是很多貞節列女實際上是用錢和關係打造的。互相托關係「評列女」，當然是自家人更喜歡幫助自家人，所以一門列女的家族頻頻出現也就不奇怪了。

清朝人是如何通過關係「製造」列女呢？那辦法說起來就太多了。

一是兒子表彰老媽。

> 李氏，太常懋檜孫女、張應門妻。年二十四寡，守四十七年，撫六月遺腹。子對墀，進士，官知縣；請旌母節，祀節孝祠。對墀女適灌口生員王登泰，亦守節得旌（家譜；詳《縣誌》）。[199]

首先，李氏出身官宦人家，血統純正。老公張應門不知是何人。但是想來也必是門當戶對。李氏二十四歲守寡，懷著六個月的遺腹子張對墀，作為一個單身母親，痛苦是可以想像的。但這並不是她能得到旌表的主要原因。李氏的行為能為官府所知道和認可，與她的孩子有極大的關係。李氏的孩子張對墀進士出身、官至知縣。張對墀被提拔後，立刻打報告推薦自己的老媽參評「列女」。兒子旌表母親，可以說是近水樓臺。張對墀不但是個好兒子，還是一個好父親，他不但推薦自己的媽媽，還把自己的女兒也給表彰了。

高氏，三考鄉官郭文章妻，事翁姑以孝聞。夫妻相敬如賓。八十五歲攜老子增福承差授府知事，孫邦望庠生授官。重孫朱藩朱垣貢士。[200]

高氏的出身，文中沒有提及。但高氏可謂子貴母榮，子孫代代為官，高氏自然「可稱賢母」，出名受旌，當然難免。

以下這也是一個兒子為母親請旌的例子。

林氏輕娘，營山鄉人；適前水頭業儒黃坤維。年二十一守節。事姑孝，撫族子厥英讀書成立。現年六十六（厥英自報）。[201]

二是親戚之間互相推薦。姻親族親，打斷骨頭連著筋，親戚之間互相推薦，是明清時代，評列女拉關係的重要門道。因此想要受旌表，除了與官府有交之外，出身大家族也很重要。

中國人有時是很奇怪的是，有些人的價值在於他活著，而有些人的價值則在是在於他的死亡，因此有些人活著的時侯很淒慘無人問津，可是死了卻被捧成英雄。比如有些被評為「列女」的女性身分卑微也能贏得無限光榮，甚至比活著的時候更風光。

> 潘孝烈羅氏之卒，其家窶不能喪，族人為之備棺衾，闔鎮紳士鄉者輸資以祭以葬，傳、狀、銘、誄、詩歌盈帙，大司成鱗潭吳公苑主其事。舉殯之日，冠蓋相望，四方來觀者不啻萬人，郡邑文武官師賻以禮儀，旌以綽楔，可謂榮矣。[202]

一個「家窶不能喪」的女人去世無力發喪，全賴族人張羅，最後竟然驚動四方名流，足見其宗族在當地影響力之大，至於宗族為什麼捧這個窮女人呢，她活著的時候為什麼沒人管呢？因為活著她是家裡人的負擔，但是她死了，她就變成了家裡人的榮耀，甚至還能為家裡人爭取點減免稅收等實惠。這樣的人，她的價值就在於死，一個死人對於她的親戚而言有時比活人更有用。

此外，在貞節列女的旌表中，不僅子旌母榮，甚至侄旌表姑、嬸。孫子旌表奶奶，這些現象也比比皆是。

董氏益娘，鼓岡湖人；適黃振義。年三十而寡；僅撫一幼孤成。卒，壽六十六。孫夢庚，庠生。[203]

黃夢庚是金門的生員，他不僅利用自己的影響力旌表了自己的祖母，還將自己同宗兄弟的妻子一併申報旌表。

陳氏端娘，金門城人；前水頭黃路妻。年二十九而寡，撫兩幼孤，一殀一成，矢志不醮。道光庚子年卒，壽八十五。[204]

黃路是黃夢庚的同族兄弟。在這兩個例子中，黃夢庚將自己的祖母和同宗兄弟的妻子上報官府，享受旌表。同時他還用了一種非常敘事化的語言描繪了自己的兩位女性親人。在關於董益娘的記述裡，簡單描寫了董氏的生平事蹟，只是在最後提到了董益娘與黃夢庚的關係。而在陳瑞娘的描述中，完全沒有提及黃夢庚自己。黃夢庚的描述不僅使自己的祖母和同族兄弟的妻子受到旌表，還製造出一種客觀公正的假象。

旌表貞節列女的背後，是一張巨大的人際關係網路。宗族、官府和士紳構成了這張網路的三個主要支點。

宗族勢力形成了強大的地方力量，也形成了很大聲勢，使女性易於出頭。而族中的長者與當地的士紳文人，則起到了溝通上下的作用，他們或是替親人出頭，或是幫本鄉大族說話。官員一方面出於責任在身的考慮，同時考慮到為官一地，需要聯繫本地有名望的家庭，對於地方大族和本地名士的旌表要求，也往往很給面子。官員自己也經常親自下基層調研，到處尋找女中楷模加以旌表，以示對這項工作的重視。

牌坊背後是名利

為貞節列女們大力鼓吹，無疑為那些紳士文人提供了一個表演的舞臺。

西元一六六四年，安徽靈壁縣，一位叫楊成的貞女去世了，當地士紳們群起而出，為其張羅葬禮。當地一位士大夫的領袖為其購買了墓地。另一些有名的文人為其提寫墓誌銘。

再如前邊提過的潘孝烈羅氏，生前家裡太窮，但死後卻驚動四方名流，一時華蓋雲集。

伴隨著這些旌表節列的喧天鑼鼓，那些「貞節列女」到底能流芳幾時不得而知，但這些名流紳士們卻將自己手中的大把金錢轉化為道德資本，自己則儼然成為了一個個道德衛士。

旌表「貞節列女」還是名流們互相溝通，拉幫結派的一種方式。

《蘭閨寶錄》中記載了一個故事：有一個姓范的女孩子，聽說未婚夫死了，她想去悼念。她的母親不許，於是她就穿著婚服服毒自殺。但是她死得很不順利，整整吐血兩次，奄奄一息。於是她被抬到夫家，范氏請求婆婆讓自己與未婚夫合葬，然後就去世了。當天晚上，范氏的忠貞感動了上天，家裡的海棠突然盛開，而且所有的海棠都是雪白雪白，彷佛象徵著范氏純潔的身體和一塵不染的氣質。205

事出之後，保定知府胡蒼恒立即大力宣揚，范氏的父親及范氏未婚夫的父親也為范氏廣範徵求詩文。這絕對是弘揚「正能量」的好機會，藉著范氏的死不僅學者們能發文章出成果，還能互相認識一下，交流交流學問，搞不好還能從朝廷手裡申請個「專案」，從國家手裡弄點經費下來。這麼好的機會誰會失去呢？於是他們的呼籲得到了社會各界知名人士的回應。北方的大學者們就像打了雞血一樣興奮（編按：一種民俗療法，據稱可以強身健體），紛紛獻文給範氏，表彰她的事蹟。當時的知名學者如孫奇逢、魏象樞、申涵光等，紛紛獻文致敬。清代著名學者顏元後來每每回憶此事，都後悔自己晚生了幾年，沒能搭上這次出名的好機會，不能參與此事。這種遺憾一方面是因為自己沒能為宣揚範氏的「貞節」做一份貢獻而難過；另一方面也是為自己失去了一次與眾多名家共同署名藉機出名機會而惋惜。

更明顯的例子出現在西元一六六五年，山西蔚州有個十七歲的女孩名叫宋典。她在聽說未婚夫去世的消息後，自縊身亡了。此事原本無聞，但宋氏是幸運的，因為理學家魏象樞是她的同鄉。魏象樞得到消息後，立即行動起來，聯絡當地士人，要求政府旌表宋氏。名人出馬，宋典立刻成了名人。不僅宋典自己榮耀加身，家人還得到了朝廷的撥款。

西元一六六六年，康熙親自手書「貞烈」二字，並給銀三十兩建坊。魏象樞在旌表申請被批准後的第二年，為宋典舉行公祭大會，並將宋典與其未婚夫合葬。在魏象樞的推動下，這一事件的影響很快遍及全國，南方的很多學者如汪琬等也紛紛贈文，魏象樞將這些詩文合編為《雙烈記》。伴隨著《雙烈記》的編寫，魏象樞的學術地位也得到了進一步的鞏固，同時魏象樞因此獲得了巨大的道德資本，其名稱與清譽伴隨著《雙烈記》而蜚聲四海。

社會各界的知名人士以巨大的熱情去封貞勵節，一方面可以通過參與旌表「貞烈」，使自己能從中獲得了巨大的道德資本。同時，另一方面社會名流們借助旌表女性的契機編寫各種文集並組織各種紀念活動，借助這一平臺，大家互相交流，加深了相互了解，也溝通了思想。說白了，古代社會交通和通信都不發達，沒有電話和互聯網也沒有發表文章的報紙雜誌，平時沒事文人們只能各做各的，難得有機會交流。如果碰到個事蹟突出的「貞節列女」，正好給大家創造了發言寫文章的機會，於是文人們打著弘揚社會正氣的旗號，吃著「列女」們的血肉，藉著為「女人謀英名」的機會順手開個學術派對。

貞節列女不是什麼人都能做，由於是一項殊榮，所以女性要想得到封旌，關係網非常重要。與官府有聯繫或出身於名門或嫁入大家族的女性，往往近水樓臺，比較容易名留青史。

中國的榮譽是拉來的，自古以來都是這樣。因此拉來的「榮譽」必須用實惠去交換，您得到了榮譽，實惠就要給別人，貞節列女也是如此。貞節列女們得到一塊牌匾的同時，好處也必須和那些捧她的人一起均分。因此，中國人的「英雄模範」真的不好當，但是卻好捧。或者說中國人的「楷模」本來就是用來捧的，不是用來學的。所以如果有一天，您自己發現了一個「楷模」千萬不要放過，您一定要拼命的捧，愈賣力愈說明您追求進步；但是如果有一天您忽然發現，您自己變成了被別人捧的「楷模」，那就要小心了，如果您命不夠硬最好小心點。

拾貳

人倫關係還是社會保障

——對於貞節的另類解讀

說起政府獎貞勵節，中國人真是一肚子苦水。從胡適開始，「壓迫」婦女的悲訴反反覆覆說了一百多年。久而久之說的多了，讓人多少有點不解，好像「萬惡」的「封建政府」真的是很搞笑，打仗打不贏，經濟也不太會搞，整天搞土地開發。只會拿女人的下半身開刀。概括來講，大清朝廷似乎每天只做三件事：收錢、征糧、驗女人身。

堂堂朝廷對小女人的貞節身到底是什麼態度？難道貞節問題還真的關係到天下興亡嗎？您還別說，這話還真說對了，天下的興亡，還真就繫於貞節二字身上。

其實政府鼓勵貞節，目的就是：「維持社會穩定」。

女人的身體怎麼就和天下興亡聯繫起來了？咱們先從皇家說起。

舉個最有名的例子：清初崇德八年，也就是西元一六四三年農曆八月九日，皇太極突然病故。皇太極一死，大清朝的皇位立即引來了豪格與多爾袞的覬覦。最終經過孝莊的運作和努力，多爾袞等人也考慮到王室的安定，最終決定由福臨繼位，從此孝莊從幕後走到了臺前。

多爾袞很快拿下了北京，孝莊果斷地將都城從瀋陽搬到了北京，先將濟爾哈朗等人隔絕在權力中心之外。面對虎視眈眈的多爾袞，孝莊不斷通過加封來拖延時間。從攝政王、皇叔父攝政王，直至皇父攝政王，一連串的帽子扣上去，總算將多爾袞拖到了死。

當然了，張煌言等人曾推定孝莊與多爾袞有私。孝莊與多爾袞有沒有叔嫂戀先不論，孝莊對自己兒孫的保護卻是全力以赴的。所以康熙說：「憶自弱齡，早失怙恃，趨承祖母膝下三十餘年，鞠養教誨，以致有成。設無祖母太皇太后，斷不能有今日成立。」如果孝莊追求戀愛自由，堅持「我的身體我做主」，那麼歷史恐怕就會變個模樣。在封建社會，家天下的體制下，皇家的女人「貞節與否」的確關係到國家興亡。平民百姓家的女孩，「貞節」與否雖然不至於像孝莊一樣，關係政權安危，但對社會穩定卻有重大作用。

政府為什麼緊盯著「貞節」問題不放，清政府強調女性「貞節」的動機在哪？這些問題可以從清代幾宗「涉貞」的案件看出答案。

夏加橘，三十三歲，宣城人，父親夏加傑已故，母親夏葉氏改醮。弟兄三人，二弟加志在外幫工，三弟夏會喜是殘疾，另外還有一個十三歲的堂弟夏狗牙，也因父死母醮與堂兄們住在一起。四個無人照顧的孤兒一起生活。後來，夏加橘因為借公錢的問題與族人夏加仕發生爭吵，被夏加仕招集族人羞辱。夏加橘為了出氣，就將生病的三弟掐死，然後移屍到夏加仕家，偽裝自殺以圖賴人。[206]

這一案件中，夏加橘等兄弟幾人被族人欺侮，勢單力孤，重要的一點是家裡爹死、娘嫁人，沒有父母的管束，缺乏教養不僅讓幾個兄弟為人所辱，更使得兄弟幾人生存艱難親情淡泊。

許引娘，顏光眼之妻，光緒乙酉年二月十三日，法兵犯澎，光眼攜一家男女共八人駕小舟將逃避虎井嶼，舟至中流，被法輪窺見，出通板追擊，引娘見其勢兇惡，恐受污辱，奮身投水而死，屍首無蹤，時年二十六歲，懷孕已數月矣。[207]

政府干預女性「貞節」問題，動機十分多樣，大體上可概括如下：

第一，宣揚女性自殘的勇氣，激發男性同仇敵愾的精神。同時通過宣揚女性守節，讓男人為國盡忠沒有後顧之憂。

第二，丈夫去世的情況下，女性往往承擔著照顧家人的重擔，如果寡婦改嫁，鰥寡孤獨無人照料也是政府必須考慮的問題。

第一條是在非常情況下，政府採取的一種激勵措施。而第二點，以「貞節」為旗幟，建立一個覆蓋社會的社會保障體系，則是政府主要的著眼點。

大清朝時沒有什麼養老保險和醫療保障，一個家庭沒了男人，鰥寡孤獨的生計就成了一件難事，作為封建王朝沒有「為人民服務」的義務，也不可能搞個什麼養老醫療保險來救急，但是也不能對困難戶的情況視而不見。於是「失夫家庭」的生死存亡就只能寄希望於那些願意守節的寡婦。

因此，清政府對「貞節」的旌表及整個獎罰制度都是圍繞著「社會保障」這個目的展開。

在失去丈夫的情況下，寡婦們的態度對於一個不完整的家庭來說極為重要，在一定程度上寡婦們取代了男性的位置，成為了維繫家族命運的中流砥柱。但在中國傳統社會裡，家庭制度是以父系血統為紐帶的，因此在失去丈夫的情況下，寡婦與夫家的關係已經大為削弱。如果沒有官府的支持，寡婦們隨時可能被夫家的「親戚」踢出局。

清政府著眼於社會的穩定與人民的生計，必須對「守節」現象進行全面規範。於是，政府在涉及家庭婚姻問題時，從立法、行政、司法等多方面，與「守節」、「從一而終」等婦德的全面接軌，以求充分發揮「守節」的社會保障作用。

打起「貞」旗辦社會保障

清代朝廷是怎麼在「貞節」這一旗幟下，建立自己的社會保險體系呢？首先，就是通過政策手段，保護守節的寡婦及其家庭。

清政府免除老人及其家庭成員差役負擔。順治元年清政府已作規定：「凡軍民人等，年七十歲以上者，免其丁夫雜差」。年過七十即不必承擔國家差役。至康熙二十七年，為使家庭能充分照顧老人生活，清政府又詔「軍民七十以上者，許一丁侍養，免其雜派差役」，[208]開始把免除差役的範圍擴大到老人的家庭成員。此外，清政府對老人予以物質補助。順治元年規定，軍民八十以上者，政府賞給絹一匹，棉花十斤，米一石，肉十斤；九十以上，加倍給予。雍正四年，又遍賞全國七十以上老人錢物，共費銀八十九萬餘兩、米一十六萬五千餘石。每逢朝廷慶典時，清政府也通常會對老人有所賞賜。

當丈夫去世後，家中幼子的扶養則主要依靠家庭，對此清政府有清楚的認識。

婦人守寡養孤，上欲激貞名於當時，中欲不負於黃泉，下欲育遺嗣而繼宗也。

政府對老人與幼童的保障，多以減免賦稅和徭役為主。而這些措施要轉化為物質財富，對社會保障物件真正發揮保障作用，還需要一個重要因素，那就是勞動力，寡婦則成為了不二人選。雍正皇帝於西元一七二八年所下諭詔中說得非常明白：「……夫亡之後，婦職之當盡者更多，上有翁姑，則當代為奉養。他如修治頻繁，經理家業，其事難以悉數……。」[209]在一個失去丈夫的家庭中，寡婦的作用無法取代，政府再怎麼減稅，要有人幹活操持家務才行，而這些就只能寄希望於寡婦們「守節」了。

鼓勵婦女守節，並保護守節婦女的利益便成了「社會保障」體系能否發揮作用的關鍵。清政府以鼓勵「貞節」為藉口，採取了一系列措施，保護守節的寡婦。

其次，大力鼓勵寡婦「守節」。

寡婦想守節，但是困難是很多的，所以朝廷要想讓女人「守節」蔚然成風，就必須從保護寡婦，鼓勵守節與批判失節三個方面全面入手，樹立新風氣。古語云：「達則兼濟天下，窮則獨善其身。」想讓寡婦們承擔起養家糊口的責任，必先讓她們自己可以安身立命。讓寡婦們安心生活，不只是保障這些女人的權利，更是對失去丈夫的家族的保障與維護。所以守節絕不是一種壓迫，而是女人的一種權利。而朝廷從兩個方面，保護女人守節的權利。

首先，強化守節寡婦與夫家的關係。

對於妻子在夫家的地位，《禮記》中如此記載：「媳婦必須無私的照顧婆家和丈夫，認真撫養孩子，什麼事情必須早請示晚彙報，聽公婆的意見不能忤逆。對娘家人要孝敬父母但也必須劃清界限，不能用公婆家的財產去養活娘家人。」[210]妻子嫁到夫家，事事以公婆為準，「無私貨，無私畜，無私器，不敢私假，不敢私與。」而且要與本家保持距離，「不敢以貴富加於父兄宗族。」

女人完全成為了夫家的一分子，而且是「無私」的一分子。如果失去了丈夫，女性就會在家中失去依靠。政府為了維繫家庭的穩定，也為了保護女性的生存，首先採取的措施就是鞏固寡婦在夫家的地位。

寡婦要想留在夫家，就必須「守節」，「守節」的宣誓程式就是「明志」。「明志」的方式多種多樣，從毀容斷髮到吟詩立誓，只要發宏志不願改嫁，就算是完成了「守節」的「宣誓」程式。只要寡婦一經宣誓守節，其「守節」的權利就受到政府的大力保護，任何試圖侵犯寡婦守節權的行為都會受到法律的嚴厲制裁。

政府的力挺使得寡婦們在丈夫去世的情況下，可以代夫承分。

中國傳統社會的分家活動是依「房」進行，有一個男丁就算一「房」，男丁去世，寡妻也可代為繼承。《乾隆黟縣胡氏鬮書匯錄》記載：「胡阿汪其夫先逝，有四子一女，都已成家，長子未育先亡，其婦守節。遂將二子立為長子，但分家時，依舊四房均分。」[211]寡婦們的繼承權，名義上是一種替自己兒子「代管」財產，但實際上依舊有很大的支配權。因此家族中的很多人常常覬覦寡婦們的財產，以各種方式逼迫寡婦必嫁。

在日常生活中，清代的寡婦也扮演著重要的角色。在丈夫去世的情況下，寡妻可以召開分產大會，主持家庭財產的分配。康熙五十九年，休甯商人陳士策在其所立鬮書中寫道：「余今年六十有四，常多疾病，恐不久於世，故將產業財本逐一清理，公存配搭，分股均鬮……或已有本人店公營，坐正利而分餘利，管事者均受。……庶免室人之責，安心肆業，或可為門戶之光。」[212]在陳士策看來，他在世時主持分家，是「免室人之責」，也就是給妻子減少麻煩。

在丈夫去世的情況下，寡婦有權聲言丈夫遺命，或者直接召集子女定下分書。丈夫去世後，寡婦主持分家是最好的選擇，可以保障公平，防止兄弟起紛爭。這種代夫立言，主持家務的行為，也得到政府的支援。凡不服母親教誨者，皆依違反教令處置。說白了，沒爹的家庭寡婦可以做主，哪個兒女不聽話，誰要是把老媽氣出好歹，他麻煩就大了。

其次，保護女性的「守節權」。

政府保護寡婦們的第二項措施，就是從法律角度捍衛女性的「守節權」。

為了保障寡婦們的守節權，政府高調立挺「貞節至上」的觀念，並給予寡婦們拒絕任何逼嫁行為的權力。就算違反父母之命也在所不惜。

在清代，子女違反父母教令，導致父母自盡比照威逼致死處理：「凡子孫威逼祖父母、父母；妻妾威逼夫之祖父母、父母致死者，俱比依毆者律斬。」[213]

但對於寡婦拒絕改嫁，即使違背父母之命，逼死親生父母，也不承擔法律責任。比如：

尤家棟圖得媒錢，欲將孀婦楊周氏改嫁，誘令氏父周珍寫給庚帖。旋因楊周氏不願改嫁，輒以控告之言挾制，致周珍情急自盡。將尤家棟比照婦人情願守志，如有用強求娶，逼受聘財，因而致令自盡例，發近邊充軍。[214]

周珍的女兒守寡了，一個女孩年紀輕輕就守寡在家，周珍作為父親心疼不已，但是比心疼女兒更令他心疼的，是養女兒的費用。養大個女兒本來費錢不少，好不容易嫁人了，以為可以享享清福，結果沒兩年女兒又守寡在家，周珍的鬱悶不言而喻。周珍有個朋友叫尤家棟，這位老兄想掙點媒錢，打起了寡婦周氏的主意，他和周氏的老爸周珍商量：「你把你的寡婦女兒改嫁吧，還能撈點錢花，我可以幫你聯繫娶主。」周珍一聽立刻眉開眼笑，並給尤家棟寫了庚帖。但是沒想到周氏不願改嫁，尤家棟沒招，於是就對周珍說：「你不擺平你女兒，我就控告你。」結果尤家棟一番要脅，嫁不出去的女兒還沒急，老丈人先急了，而且急的不輕。本來想拿自己的女兒賣點錢，結果錢沒掙到還要吃官司，周珍愈想愈氣，情急之下上吊自殺了。親爹想賣寡婦女兒，結果女兒沒賣成，反被人告了個違約，親爹一時想不開自殺了，這樣的案子怎麼判呢？官府的判決十分有水準，周氏得到了充分的支援，理由是守節。她的父親周珍逼女兒結婚的事隻字未提，倒是媒人尤家棟「用強求娶，逼受聘財，因而致令自盡，發近邊充軍。」說白了，周氏守身如玉沒錯，周珍是周氏的老爸，哪有父親不愛女兒的，而且人又死了一死百了。最後就剩下媒人了，你媒人鼓動人家親爹賣女兒，又用違約為藉口逼死人家親爹，一切都是媒人的錯，所以倒楣的媒人就被充軍，派到「祖國最需要的地方」去了。媒人的工作也不好做呀，掙什麼錢都有職業風險。

女性在失去丈夫後，非常容易被其他家庭成員排擠。因此清政府要保護寡婦的基本生存，也著眼於家庭制度的穩定與安全，必須採取措施，強化寡婦與夫家的關係。說白了，妻子只要願意守節，她就永遠是夫家人，不論她的丈夫去世多久，沒人能改變寡婦在家中的地位和她的家庭歸屬。寡婦只要一宣佈守節，她就與夫家訂下了終身合同，政府事實上解除了夫家「解聘」寡婦的權力。

「婦不二適」是寡婦留在夫家並享受代夫承分等權利的道德旗幟，而這種關係的強化，是以女性守節為代價換來的。

《大清律例》中載：「孀婦自願改嫁，翁姑等主婚受財，而母家統眾強搶者，杖八十。其孀婦自願守志，而母、夫家搶奪強嫁者，各按服制照律加三等治罪。其娶主不敵情，不坐。知情同搶，照強搶律加三等。未成婚，婦女聽回守志。已成婚而婦女不願合者，聽。如孀婦不甘失節，因而自盡者，照威逼例充發。其有因搶奪而取去財物及殺傷人者，各照本律從重論。」[215]

說白了，政府的法條其實相當開明：「公婆父母要是強迫寡婦改嫁的，這幫人統統打板子，娶寡婦的人要是不知情不算違法，要是知情也一樣挨揍。而對於受害的寡婦，有志守節的，就支持她守節，如果想失節想再找個老公的，也成全她。」

清律中還規定：「其夫喪服滿，妻妾果願守志，而女之祖父母、父母，及夫家之祖父母、父母強嫁之者，杖八十。期親加一等。大功以下又加一等。婦人及娶者，俱不坐。未成婚者，自歸前夫之家，聽從守志，追還財禮。已成婚者，給與完聚，財禮入官。」

這條法律用心就更明顯了，「誰敢強迫寡婦改嫁，不論什麼人，統統打板子，親戚關係愈近的人，打的愈狠。沒結成婚的，支持她守節，已經結婚的就成全她，但是她那些親戚從後夫家得的財禮錢，全部沒收充公。」嚴厲打擊逼迫寡婦再婚的行為。

清政府對守節的寡婦採取了一定的保護措施，主要從兩個方面著手：一是強化寡婦與夫家的關係，二是保護寡婦守節的權利。守節是一種代價，一種交換。寡婦們在守節的道德旗幟下，得以繼續留在夫家，並得到夫家的照顧與奉養，而夫家的幼兒與老人也得到寡婦的奉養。於是，在獎勵「貞節」這面道德旗幟下，一個龐大的社會保障體系逐漸建立起來。

第三，是要給予守節寡婦以物質支持。

《明會典．旌表門》載：「凡孝子順孫，義夫節婦，志行卓異者，有司正官舉名，監察御史按察司體核，轉達上司，旌表門閭。……凡民間寡婦，三十以前夫亡守志，五十以後不改節者，旌表門閭，除免本家差役。」[216] 清代基本繼承了明朝的規矩。除免除差役外，還有具體的物質獎勵和精神鼓勵。根據《清會典》的記載，符合建坊條件的婦女包括：節婦不論妻妾，自三十幾歲以前守節至五十幾歲或年未五十身亡，但已守節十五年者；夫婦未成婚而流離失散，守志至老合巹者；以父母未有子孫終身不嫁的孝女；婦女遭寇守節致死；婦女因強姦不從致死或因調戲而自盡者；本夫逼令賣奸而抗節自盡或童養媳拒其未婚夫之調奸而致死者；節婦被親屬逼嫁致死者。給建坊銀，建立牌坊，自清初以來就有明確的定則。一般是由戶部或地方官給官銀三十兩，聽任應旌表的貞節婦女本家建坊，如順治十年題准：「凡旌表節孝，在直省府州縣者，官給銀三十兩，滿洲蒙古漢軍，支戶部庫銀三十兩，聽其自行建坊。」[217] 拒姦殞命的比照節婦，如康熙十一年議准：「強姦不從，以致身死之烈婦，照節婦例旌表，地方官給銀三十兩，聽本家建坊。」[218]

而這還不是物質鼓勵的全部，對於宗室女，在給銀三十兩外，還有額外補助，即按照等第賜予銀緞。對於一些社會下層女性，也有一定的補助。如《光緒會典事例》記載：「道光二十年，四川仁壽縣一無名丐女被丐民李在川強姦，受傷身死，禮部議准：『照例旌表，給予減半坊銀，停止祠內設位。』」

由於存在物質刺激，造假也就再所難免。為防止冒領建坊銀，乾隆四年下令：「如果是失節的女人，冒領了建牌坊的銀子，不論舉薦官員是否知情，都要及時彙報，如果相關部門的幹部知道情況，但是故意作假，降級使用；如果是相關部門幹部不知情，則屬於瀆職，罰一年的工資，相關承擔連帶責任的主管長官，承擔連帶責任罰半年工資。」[219]

第四，寡婦的財產權得到社會的認可。

寡婦雖然不能享有亡夫財產完整的所有權，但由於寡婦守節繼續留在故夫家中生活，作為家庭成員之一和亡夫人格的代表，她有權利保管亡夫家產並由家產進行供養，國家法律制度的設計和規定也保證寡婦能夠得到足夠的贍養。當兒子成年之後，寡婦為了維持自己的生活，在兒子分家析產時通常也能夠獲得一部分田產作為養老之田，這種田產被稱做「養老田」。雖然國家法律沒有明確地規定寡婦的受贍養權，但是，在生活層面，寡婦得到贍養，既是歷代社會推崇孝道思想的實踐要求，也是國家相關立法的應有之義。

《乾隆四十二年七月程氏分家書》載，程氏有振坤、振基、振筠兄弟三人，母親方氏健在，家庭財產，共計現銀一千兩，田租八四二秤十二斤六兩。其中撥出二〇五秤十九斤十二兩用作母親口食之用。另外，各鋪行每年還要交租錢一〇一兩一錢，由母親支用。這些膳租與膳錢日後或作學租，以為「膏火考費之資」，或作「葬費」，或「作摽祀輪收」。[220] 在這份家書中，寡母所得膳田之租為土地收益的四分之一，而且每年另有不菲的膳錢收入。

從以上的實例可以看出，寡婦有撥出部分夫產作為養老田的權利，這種權利得到官府的承認和保護，外人被禁止干擾過問。寡婦除了有權獲得膳田和膳錢外，還有可能獲得各房輪流奉養的權利。

然而，寡婦在獲得養老膳田、膳錢的同時，對於所撥之資的用途也受到一定約束，可為養老之資，但是不能隨便賣賣，也不能傳給女兒。說白了寡婦對養老田只用使用權沒有所有權，所有權最後還是要還給兒子。

而宗族對於守節寡婦也有自己的一系列保障措施。

如江蘇昆山王氏，青年守寡，「除給食米外，每月加增火費七折，製錢四錢，以資紡織」。[221]

蘇州范氏立章：「寡婦守三年者，本房房長及親支保明，批給本名一戶米，五年以上加一戶，十年以上加二戶，十五年以上加三戶，二十年以上加四戶。」；「三十歲以內守節至五十歲者，以合國家旌表之列，優加五斗。」；「如內有無子孫者，再加一戶。」；「如本族聘他姓女未成婚而亡，能歸本族夫家守節者，給加。」

蘇州另一處人家孀婦「雖在壯年，亦准給米，如有幼稚子女，照口發給，子壯其子停給，孀婦不停。」[222]

這些保障措施，使守節的寡婦寡有所依，配合了政府旌表貞節的政策。而通過寡婦們的辛勤勞動，鰥寡孤獨之家得以維繫，孤老與幼童也得到贍養。家愈來愈鞏固，清代的社會也因貞節制度而變得更加和諧。

誰說寡婦難嫁人？

「守節」只是清代社會保障制度的旗幟，而通過寡婦的守節，達到保障社會成員的基本生活維護社會穩定才是真正的目的。當家族中的男性去世後，保證其他成員能正常生活是政府推崇寡婦守節的真正動機。旌表貞節列女的制度實際上是一種另類的社會保障制度。因此清政府對寡婦守節表面極為推崇，但在介入時則很實際，往往謹慎地選擇介入時機，慎重地進行干預。

朝廷到底什麼情況下，才會去干預女人下半身的問題呢？

對於寡婦改嫁，清政府採取的政策是睜一隻眼閉一隻眼的態度。雖然嘴上對婦女改嫁現象大加批評，但卻行動上並沒有禁止。

對於改嫁現象，清政府斥之為「失節」，認為其與夫家「義絕」。對於寡婦的改嫁，清政府有明確的要求與限制。

「凡婦人夫亡後，願守志者，聽。欲改嫁者，母親給還財禮，准其領回。」[223]

這條規定說明了兩點：一是政府不禁止寡婦改嫁，但不得強迫寡婦改嫁，二是改嫁必須與夫家做切割。清政府對寡婦改嫁問題，基本以這兩條作為是否干預的拿捏標準。

默許改嫁

從法律上說，清政府從來不禁止改嫁。對於寡婦改嫁的問題，政府採取的是民不舉官不究的態度。即使對於違律嫁娶，也採取了「嫁娶違律，若由祖父母、父母主婚者，違律之罪獨坐主婚，男女不坐，餘親主婚者，事由主婚，主婚為首，男女為從。」[224]也就是說，對於違律嫁娶，法律責任主要由主婚人承擔，結婚男女雙方並不負責。

清代案例中記載了這樣一件案子：劉八聘了蘇從德的女兒，蘇大各，但沒過門劉八就逃亡了，然後一去不回。蘇從德就與劉八的胞兄商量，將女兒與嫁給了劉八的哥哥劉七。這件事後來因為家庭內部矛盾而公諸於官方，但官府的判決認為，蘇大各的丈夫一去不回，其改嫁又有父母之命，所以合情全理，但改嫁本家兄弟有違人倫。所以判蘇大各與劉七離婚，送回本家，聽憑改嫁。

禁止有後患再改嫁

政府對改嫁有禁止之例，但禁止是有條件的，主要是可能會引起後患。具體來說，大體有三種情況是政府不能接受的。

一種是「居喪改嫁」。就是寡婦在父母與丈夫去世後，必須有一定的喪期，也就是按規定的時間「披麻帶孝」。在此期間禁止再婚，因為與孝道有違。「凡男女居父母或妻妾居夫喪而身自主婚者，杖一百」；「妻居夫喪，女居父母喪而嫁人為妾者，各減二等。」[225]寡婦在夫亡不久，就改嫁他人做老婆，要打一百大板；如果改嫁他人去當小老婆，則減刑處理，少挨一點板子。

再有一種情況，就是「命婦」無論如何不得改嫁。

「命婦」就是得到朝廷敕封的女性。「命婦夫亡，雖服滿再嫁者，罪亦如之（就是如普通婦女居喪改嫁）。奪敕封並離異。」「命婦」就是常說的「封妻蔭子」中的「封妻」，多為夫貴妻榮的產物。

官員本身稱授，其曾祖父母、祖父母、父母及妻室，生者曰封，歿者曰贈。覃恩封贈文武官員之階各分為十八等，按官員的原有品級各授給相應的官階，文官之階為：光祿大夫、榮祿大夫、資政大夫、通奉大夫、通議大夫、中議大夫、中憲大夫、朝議大夫、奉政大夫、奉直大夫、承德郎、儒林郎（吏員出身的授宜德郎）、文林郎（吏員出身的授宜議郎）、征仕郎、修職郎、修職佐郎、登仕郎、登仕佐郎；武官之階為：建成將軍（公、侯、伯與正一品官均授此銜）、振威將軍、武顯將軍、武功將軍、武義都尉、武翼都尉、昭武都尉、宣武都尉、武德騎尉、武德佐騎尉、武略騎尉、武略佐騎尉、武信騎尉、武信佐騎尉、奮武校尉、奮武佐校尉、修武校尉、修武佐校尉。對各級官員的曾祖母、祖母、母親或妻室的封贈不分正從品級，分為九等：一品夫人、夫人、淑人、恭人、宜人、安人、孺人、八品孺人、九品孺人。因為世爵中的子為一品，而公、侯、伯高於一品，為了區別其妻分稱為公妻一品夫人、伯妻一品夫人、侯妻一品夫人。

這種封敕，沒有官銜沒有薪水，但卻是一種終身榮譽。一般的官職在官員退休後自動奉還，但這種對婦女的敕封可以隨之終生。

因此，作為模範婦女，必須有守節的義務。如果命婦都要改嫁，政府要是也照例同意，那就等於是政府自己打了自己的臉。

第三種情況，就是涉及亂倫的改嫁絕不能允許。

（一）同姓不婚。不論是初婚還是改嫁均被禁止。「凡同姓為婚者，主婚與男女各杖六十，婦女歸宗，財禮入官。」[226]

（二）尊卑不婚，即非平輩外親間禁止通婚。

（三）中表不婚。即平輩外親間禁止通婚。

（四）宗妻不婚。即禁止男性與同宗成員的妻妾通婚。是指寡婦再嫁時，只能改嫁外族，不能與丈夫的同宗親屬結婚。

這些婚姻禁令也同樣適用於寡婦改嫁。但這些禁令與民間習俗有很多相違之處，所以執行時也往往是民不舉官不究。比如，中表婚在民間被稱為「親上加親」，很受百姓推崇。再如，弟弟娶嫂子這種「兄終弟繼」的作法，在民間也很流行。

可見，女性改嫁對政府來說，並非不可接受，只是要符合一定的條件與程序。據《清律》，乾隆十一年定：「坐產招夫，聽從民便，若私昵圖謀，有傷風化者，應申禁族鄰稟逐。」

甚至對於兄娶弟媳，弟繼兄嫂等亂倫的改嫁行為，雖然牽涉到手足倫理之情，為清朝政府所禁止《清律》將其歸入「嫁娶違律」一類，照規定是要處以絞刑的。但在具體量刑時，考慮到不同情況，仍有所斟酌。凡「曾向親族、地保告知成婚者，男女各擬絞監候，秋審入於情實」；「如由父母主令婚配，男女仍擬絞監候，秋審時核其情罪，另行定擬。」[227]這種涉及亂倫的改嫁從傳統禮教的角度，不得不嚴律予以制止，可實際上法不責眾，只好處於民不告、官不究的狀態。

政府對改嫁問題的關注，並非出於對「貞節」的推崇，更多的是從改嫁的後果著眼。對於寡婦能不能改嫁，從政府的角度看，關鍵是改嫁的寡婦能否與原來的夫家劃清關係。

同姓不婚，宗表不婚等改嫁的限制，實際上是防止寡婦改嫁衝擊男性血緣關係。禁止居喪改嫁，其實就是在強調，寡婦改嫁不能妨礙她們對原夫家應盡的孝道。

至於對命婦的嚴格要求，即是捍衛朝廷封誥的嚴肅性，也是著眼於維護爵位世襲制度。但在日常的司法實踐中，政府其實很懶得去管女人下半身的事，也很少單獨立案究查，更多的是因其他事件受到牽連而被併案處理。

范招來原本娶了劉瑞之女劉氏為妻，然而後來因為夫妻反目，所以由范招來的叔父便將劉氏帶回娘家收領，並且「勒迫」劉瑞必須將結婚時的聘銀五十返還。雖然范招來後來另外娶了彭氏為妻，然而劉瑞為了籌措將女兒劉氏「贖回」之銀，所以又託媒把女兒又嫁給了古阿寧，沒想到范招來卻告官呈控奸拐。最後經旁人邀集兩造房族調處，最後由劉、古兩家付銀賠償範招來，雙方和解息訟，並簽署和息狀呈交官府。

在這個案件中，官府對於雙方簽署和息狀表示「事已處息，不與深究，從寬銷案。」如此可看出，官府明知道和息狀是一種敲詐的陰謀。但是官府的態度是，你們兩家一個願打一個願挨，女人的貞節關我什麼事，一副「民不告官不究」的態度。

旌表貞烈，是國家樹立女性道德榜樣的過程。因此旌表貞節列女的工作滲透著國家的意志。從國家的角度來說，旌表貞節列女不是件簡單的道德工程，更是一種作用靈活，意義重大的統治手段與社會管理制度。戰爭時候通過對宣傳女人面對危險時的自殘行為，可以激發男性忠義之氣概。戰爭結束旌表敵方女性的「義」舉，是一種風險極低的政治手段，可以體現政府的寬容與大度，以達到拉攏敵方人心的作用。而更重要的是，在和平時期通過對寡婦守節的鼓勵與支持，清政府以較小的成本保障了鰥寡孤獨的基本生活，對維護社會和諧穩定起到了重要作用。這種道德化的社會保障制度，表面高尚，實質上很現實，既簡單又非常行之有效。「鼓勵貞節」實際上是一種中國特色的社會保障制度，幾百年來它籠罩著一層濃濃的道德色彩，但是這種制度保護了無數寡婦在群狼環飼的世界裡得以生存，也保障了無數的老人與孤兒能得到照顧，在落後的農業社會，「表彰貞節」這一制度有效保障了封建社會的平穩運行。

結語

貞節作為一種榮譽？

「榜樣」——一個多麼令人神往的名字，中國是一個生產榜樣的地方。古往今來，從男人到女人，從大臣到百姓，榜樣比比皆是。忠臣不畏死，列女不畏寡。但是榜樣代代輩出，人心不古卻成不可逆轉的態勢。榜樣不是今天才有的，「缺德」也不是只存在於今天。

為什麼中國人一邊有數不清的榜樣，一邊卻在「缺德」的泥淖中無法自拔？榜樣的力量可以感動天地，卻為何不能觸動中國人的靈魂？貞節列女群體的興衰史就是一部解釋這個問題的最好的教科書。

在最初，貞節列女並沒有被國家所重視，但是到了明清，這種情況有了巨大的改變。明清時代的朝廷沒有時間關心百姓的事，畢竟朝廷是皇帝的朝廷，百官也是天子的百官。官員是為皇帝服務的，不是「為人民服務」的。所以對百姓的「小事」，「大人」們懶得去管。

話雖然這麼說，可百姓生死畢竟關係到天下興亡。百姓都造反了，天子的位置也坐不住。所以百姓的疾苦事實上朝廷不能不管，但是管就要付出成本。比如，一個失去丈夫的家庭，沒人下地幹活，土裡不可能自己長莊稼，寡婦怎麼辦？公婆誰來養？未成年的孩子怎麼辦？人口的減少不僅影響社會穩定，最終也會影響朝廷的財政收入。所以，這些問題朝廷必須要管。但是封建朝廷做事情有個原則，朝廷的每一分錢都是給皇家的，不是給老百姓的，朝廷的大小官員也是為皇帝服務的，不是給老百姓辦事的。所以替老百姓排憂解難絕對不能花皇家的錢、也不能勞動朝廷的大小官吏。

不花錢卻要「為人民服務」，那應該怎麼辦？於是「榮譽」就被創造了出來，對女人而言，最高榮譽就是所謂的「貞節列女」。如果丈夫沒了，一家老小生活沒了著落，朝廷的意思就是雇傭家裡的寡婦們放棄改嫁的權利，來撫養一家老小，但是朝廷是很節儉的，雇傭這些寡婦卻不肯拿出一分錢，朝廷給這些寡婦的報酬是一種特殊的獎勵，叫作「榮譽」，也就是「貞節列女」的光榮稱號，於是「貞節」就被提上了國家政策的層面。

中國的榮譽本質上是一種財政制度，就像鈔票一樣，發多少全看朝廷的需要。政府需要人民來為它辦事，但是政府沒有錢，就用「榮譽」來充數。「貞節列女」就是這種榮譽的典型代表。

「貞節列女」的榮譽證書一張張的發出去，一個個困難的家庭得到了救助，而政府財政沒有花出一分錢。政府通過發榮譽的辦法用一種行政成本非常低廉在方式建立了一個巨大的社會保障體系。這也就是魯迅所說的：「中國的古書上通篇都是仁義道德，我怎麼都睡不著，最後從紙縫裡蹦出兩個字——吃人。」

榮譽是一種財政手段，對政府而言，榮譽就是政府在道德領域發行的「貨幣」，榮譽既然是一種「貨幣」那它就不可避免地走向貶值。榮譽的崩潰和隨之而來的道德崩潰是中國傳統社會無法避免的宿命。

首先，榮譽異化為變向分攤。以「貞節列女」為例，朝廷想動員女人守寡，照顧家庭，但是朝廷自己一分錢不出，貞節列女們也不笨，沒好處的事誰會做？於是朝廷採取了一種轉移成本的辦法，就是不給一分錢，但是給貞列寡婦及其他道德榜樣以「政策扶持」，比如給守節寡婦的家庭減稅。朝廷減稅不是真的減，朝廷的收入絕對不能減少，這些錢實際上會轉移到其他普通人家的身上。同時朝廷還規定寡婦的親族對寡婦有照顧的義務。實際上是將辦社會保障的成本轉移到別人身上。寡婦的親戚還有普通的百姓就很鬱悶了，「貞節列女」是偉大，但是她有功於國家和社會，對我並沒什麼幫助，憑什麼要我為她出錢？當道德榮譽只代表朝廷利益的時候，實質上就異化為一種變向分攤，此時就會不可避免的損害百姓的利益，百姓也必然會抵制它。

其次，榮譽的貶值不可避免。榮譽是一種政府發行的道德貨幣，那它自身是有價值的。當政府財力強大，社會穩定的時候，整個社會用以獎勵「榮譽」的資源比較豐富，「榮譽」的價值自然也比較高。但是隨著封建社會的沒落，中國日益貧困，「榮譽」也就變得一文不值。在清代初期，朝廷規定貴族之家的「貞節列女」給錢三十兩銀子建牌坊，然後再給布匹米麵補貼生活，普通百姓只是給錢建牌坊。但是到了清中期，就變成了十五兩建坊費。這還不算完，沒過多久，朝廷又下旨意，每個地方每隔一陣調查一下本地的

「貞節列女」，然後朝廷出十五兩銀子，給這幾百上千個女人總建一坊。等到太平天國時代，中國人口死亡上億人。為了鎮壓太平天國，朝廷需要人們出來流血拼命，但是朝廷又沒有錢，怎麼辦呢？於是清政府開始大量批發各種榮譽，連總兵提督等一些高級軍職都是成百上千地發，「將軍」一站一操場，「貞節列女」更是滿街跑，朝廷已經表彰不過來了。到了晚清，很多遺老學者說人心不古，實際上中國的整個傳統道德已經被政府玩得一文不值。幾百年來，中國人對女性「貞節」的推崇到此也難逃被民眾拋棄的命運。

在傳統的中國社會，政府在道德塑造過程中掌握著絕對的權力。什麼是高尚，什麼是低俗，什麼是美，什麼是醜？政府掌握絕對的話語權。但是民眾對道德的塑造並不是全然無力的。如果「正確」的定義只代表官府的利益，民眾就會在行動中，走向「反動」。一些學者批評中國古人「滿嘴仁義道德，一肚子男盜女娼」指的就是這種現象。而對於政府來說，操縱道德最直接的實惠就是可以亂發榮譽。不花一分錢地向民眾購買服務，用榮譽來抵償真金白銀。但是殊不知榮譽就像貨幣一樣是會貶值的，當官府每一次將各種榮譽拋灑向民間的時候，榮譽的含金量也在不斷地降低。道德失控人心不古之勢不可逆轉，隨著道德的崩潰，中國的封建社會也走向歷史的終點。

【註釋】

1 王逸《楚辭章句》。
2 《詩經》《鄭風・褰裳》。
3 《汲塚周書》。
4 西蒙波娃，《第二性》，頁一二一。
5 陳東原《中國婦女生活史》，一。
6 《周易・說卦》。
7 《中國古代社會研究》，頁二六，人民出版社一九五一年。
8 《左傳・哀公一一年》。
9 《左傳・昭公二八年》。
10 《列女傳》，劉向。
11 《四庫全書・西晉文紀・卷六》。
12 《近思錄・卷六》。
13 《史記・卷八十六・刺客列傳》。
14 《後漢書》卷二十三：憲既負重勞，陵肆滋甚。四年，封鄧疊為穰侯。疊與其弟步兵校尉磊及母元，又憲女婿射聲校尉郭舉，舉父長樂少府璜，皆相交結。元、舉並出入禁中，舉得幸太后，遂共圖為殺害。

15 《後漢書》卷二十三：帝陰知其謀，乃與近幸中常侍鄭眾定議誅之。以憲在外，慮其懼禍為亂，忍而未發。會憲及鄧疊班師還京師，詔使大鴻臚持節郊迎，賜軍吏各有差。憲等既至，帝乃幸北宮，詔執金吾，五校尉勒兵屯衛南、北宮，閉城門，收捕疊、磊、璜、舉，皆下獄誅，家屬自徙合浦。遣謁者僕射收憲大將軍印綬，更封為冠軍侯。憲及篤、景、瓌皆遣就國。帝以太后故，不欲名誅憲，為選嚴能相督察之。憲、篤、景到國，皆迫令自殺，宗族，賓客以憲為官者皆免歸本郡。瓌以素自修，不被逼迫，明年坐稟假貧人，徙封羅侯，不得臣吏人。初，竇後之譖梁氏，憲等豫有謀焉，永元十年，梁棠兄弟徙九真還，路由長沙，逼瓌令自殺。

16 范曄，撰。李賢，等注。後漢書・列女傳【M】。北京：中華書局，一九六五。頁一五八五。

17 「陰陽殊性，男女異行。陽以剛為德，陰以柔為用，男以強為貴，女以弱為美。故鄙諺有雲：生男如狼，猶恐其尪；生女如鼠，猶恐其虎。」

18 《女誡・敬順三》。

19 《女誡・敬順三》「夫敬非它，持久之謂也；夫順非它，寬裕之謂也。持久者，知止足也；寬裕者，尚恭下也。」

20 《女誡・卑弱第一》。

21 「三者蓋女人之常道，禮法之典教矣謙讓恭敬，先人後己，有善莫名，有惡莫辭，忍辱告垢，常若畏懼，是謂卑弱下人也。」

22 《女誡・婦行四》「夫云婦德，不必才明絕異也；婦言，不必辯口利辭也；婦容，不必顏色美麗也；婦功，不必工巧過人也。清閒貞靜，守節整齊，行己有恥，動靜有法，是謂婦德。擇辭而說，不道惡語，時然後言，不厭於人，是謂婦言。盥浣塵穢，服飾鮮潔，沐浴以時，身不垢辱，是謂婦容。專心紡績，不好戲笑，潔齊酒食，以奉賓客，是謂婦功。」

23 《女誡・夫婦二》。

24 「陰陽殊性，男女異行。陽以剛為德。陰以柔為用；男以強為貴，女以弱為美。故鄙諺有云：『生男如狼，猶恐其尫生女如鼠，猶恐其虎。』然則修身莫如敬，避強莫若順，故曰：敬順之道，為婦之大禮也。」

25 《女誡・敬順第三》。

26 《女論語・事夫章第七》。

27 《女論語・事舅姑章第六》。

28 《女論語・事舅姑章第六》。

29 《女論語・立身》。

30 《女論語・守節章第十二》。

31 《女誡・婦行四》。

32 《女論語第二・學作》。

33 《女論語第二・學作》。

34 《女論語第三・學禮》。

35 《女誡・婦行第四》「擇辭而說，不道惡語，時然後言，不厭於人。」

36 《女誡・專心第五》「禮義居潔，耳無妄聽，目無邪視，出無冶容，入無廢飾，無聚會群輩，無看視門戶，則謂專心正色矣。」

37 卷一・議親貴人物相當・條。

38 《袁氏世範・嫁娶當父母擇配偶》。

39 《世範・卷一〈家長尤當奉承〉》。

40 《婦女有寡愚義・條》。

41 《世範・卷二・婦女衣飾務潔淨》。

42 《袁氏世範・美妾不可蓄》「夫置婢妾，教之歌舞，或使侑樽以為賓客之歡，切不可蓄姿貌黠慧過人者，慮有惡客起覬覦之心。彼見美麗，必欲得之。」「苟勢可以臨我，則無所不至。綠珠之事在古可鑒，近世亦多有之。」

43 《袁氏世範・婢妾不可供給》。

44 《袁氏世範・暮年不宜置寵妾》「婦人多妒，有正室者少蓄婢妾，蓄婢妾者多無正室。夫蓄婢妾者，內有子弟，外有僕隸，皆當關防。制以主母猶有他事，況無所統轄！以一人之耳目臨之，豈難欺蔽哉！暮年尤非所宜，使有意外之事，當如之何？」

45 《袁氏世範・女子可憐宜加愛》。

46 《袁氏世範・婦人年老尤難處》「大率婦人依人而立，其未嫁之前，有好祖不如有好父，有好父不如有好兄弟，有好兄弟不如有好侄；其既嫁之後，有好翁不如有好夫，有好夫不如有好子，有好子不如有好孫。故婦人多有少壯享富貴而暮年無聊者，蓋由此也。凡其親戚，所宜矜念。」

47 《袁氏世範・遺囑公平維後患》。

48 《袁氏世範・井親戚當慮後患》。

49 《袁氏世範・序》。

50 《女論語》事舅姑章第六。

51 《女論語》營家章第九。

52 《女學》卷一・女學總要「子曰：婦人伏人也，是故，無專制之義。有三從之道，在家從父，適人從夫，夫死從子。……婦有七去……」

53 《女學・自序》「婦以德為主，故述婦德獨詳。先之以事夫、事舅姑，繼以和叔妹、睦娣姒，在家則有事父母、事兄嫂，為嫡則有去妒，處約則有安貧，富貴則有恭儉，可常可儉則有若敬身，若重義，若守節，若復仇，為人母則有教子，為人繼母則有慈愛前子，為人上則有待下，巫祝尼媪之宜絕則有若修正辟邪，而以其餘者為通論——此則婦德一篇之大概也。婦言不貴多，要於當，則有若勖夫，若訓子，若幾諫，若守禮，若賢智，若免禍。婦容貴端莊敬一，婉娩因時，則有若事親之容，敬夫之容，起居、妊子、居喪、避亂之容。婦功先蠶績，次中饋，為奉養，為祭祀，各執其勞而終之以學問。——各以其餘者為通論，此則婦言、婦容、婦功三篇之大概也。」

54 《女學言行錄．總論》「女學之要有四：曰去私，曰敦禮，曰讀書，曰治事。蓋婦德莫病於私，故以去私為首。私念淨盡，則天理流行；天理者，禮也，故以敦禮次之。敦禮則耳目手足、起居動作皆有規矩可循而不容越；然節目度數、親疏隆殺具載於書，故以讀書次之。讀書則見禮明透，知倫常日用之事，責備無窮，自當著力事事而不敢怠惰，故以治事終焉。——四者皆所以檢束身心，而立齊家之本，其敘有如此者。」

55 《女孝經．五刑章》。

56 筆煉閣主，雙雕慶仇夫人能回獅子吼成公子重慶鳳毛新【A】。五色石（第二卷）【Z】。瀋陽：春風文藝出版社，一九八五，九。

57 呂近溪《女小兒語》。

58 《閨範》．嫡妾之道：「有家之凶，嫡妾居其九。堯於舜，既歷試諸艱矣，猶以二女難之。彼二女者，何煩舜難哉！況夫非舜，嫡妾非同胞之親，無英皇之賢，而欲其志同行也，不亦難乎！是故夫道嚴正，嫡道寬慈，妾道柔順，三善合而太和在閨門之內矣。」

59 《閨範》．嫡妾之道。

60 《閨範》．女子之道「貞女。女子守身，如持玉卮，如捧盈水，心不欲為耳目所變，跡不欲為中外所疑，然後可以完堅白之節，成清潔之身，何者？丈夫事業在六合，苟非瀆倫，小節猶足自贖，女子名節在一身，稍有微瑕，萬善不能相掩。然居常處順，十女九貞。惟夫消磨糜爛之際，金久煉而愈精；滓泥污穢之中，蓮含香而自潔。則點節者，亦十九也。故取貞女以示訓焉。」

61 《閨範》婦人之道「史傳所載，班班膾炙人口。然大節有虧，則眾長難掩。無論如蔡文姬、李易安、朱淑貞輩，即回文絕技，詠雪高才，過而知悔，德尚及人，餘且不錄，他可知矣。然亦有貞女節婦，詩文不錄者，彼固不以文學重也。」

62 《女範捷錄》《貞烈篇》。

63 《閨範》女子之道。

64 歸有光《貞女論》「女未嫁人，而或為其夫死，又有終身不改適者，非禮也。夫女子未有以身許人之道也。未嫁而為其夫死，且不改適者，是以身許人也。男女不相知名，婚姻之禮，父母主之。父母不在，伯父世母主之。無伯父世母，族之長者主之。男女無自相婚姻之禮，所以厚別而重廉恥之防也。女子在室，唯其父母為之許聘於人也，而己無所與，純乎女道而已矣。六禮既備，婿親御授綏，母送之門，共牢合巹，而後為夫婦。苟一禮不備，婿不親迎，無父母之命，女不自往也，猶為奔而已。女未嫁而為其夫死，且不改適，是六禮不具，婿不親迎，無父母之命而奔者也，非禮也。陰陽配偶，天地之大義也。天下未有生而無偶者，終身不適，是乖陰陽之氣，而傷天地之和也。」

65 《袁氏世範‧寡婦治生難托人》。

66 劉聲木，《萇楚齋隨筆續筆三筆四筆五筆》，北京：中華書局，一九九八年版，頁一二三。「張楊園訓子語中，屢言寡婦有不能安於室者，再適可也。並言聖人之待下流，固有寬路以處之，不立一概之格云云。」

67 紀昀，《紀曉嵐文集》（第二冊），石家莊：河北教育出版社，一九九一年版，頁二六—二七。

68 此處為「王圭」。

69 「古言終身不改，身則男女同也。事出妻，乃七改矣。妻死再娶，乃八改矣。男子理義無涯涘，而深文以罔婦人，是無恥之論也。」

70 呂新吾《閨範‧婦人之道》「婦德尚靜正，婦言尚簡婉，婦功尚周慎，婦容尚閒雅。四德備，雖才拙性愚，家貧貌陋，不能累其賢；四德亡，雖奇能異慧，貴女芳姿，不能掩其惡。」

71 唐翼，《人生必讀書》。

72 《溫氏母訓‧序》。

73 《袁氏世範‧寡婦治生難托人》。

74 呂新吾《閨範》。

75 《王朗川言行滙纂》。

76 《清稗類鈔》貞烈類，《張淑儀守禮全貞》。

77 俞樾，《右台仙館筆記‧永平鄙俗》。

78 呂新吾《閨範‧婦人之道》「女子之道，守正待求。不惟從一而永終，亦須待禮而正始。命之不谷，時與願違，朱顏無自免之術，白刃豈甘心之地，然而一死之外，更無良圖。所謂捨生取義者也。」

79 歸有光《貞女論》「女未嫁人，而或為其夫死，又有終身不改適者，非禮也。夫女子未有以身許人之道也。未嫁而為其夫死，且不改適者，是以身許人也。男女不相知名，婚姻之禮，父母主之。父母不在，伯父世母主之。無伯父世母，族之長者主之。男女無自相昏姻之禮，所以厚別而重廉恥之防也。女子在室，唯其父母為之許聘於人也，而已無所與，純乎女道而已矣。六禮既備，婿親禦授綏，母送之門，共牢合巹，而後為夫婦。苟一禮不備，婿不親迎，無父母之命，女不自往也，猶為奔而已。女未嫁而為其夫死，且不改適，是六禮不具，婿不親迎，無父母之命而奔者也，非禮也。陰陽配偶，天地之大義也。天下未有生而無偶者，終身不適，是乖陰陽之氣，而傷天地之和也。」「昏禮既納幣，有吉日，婿之父母死，則如之何？」孔子曰：「婿已葬，致命女氏，曰：『某之子有父母之喪，不得嗣為兄弟，使某致命。』女子許諾，而弗敢嫁也。」弗敢嫁而許諾，固其可以嫁也。」「婿免喪，女之父母使人請，婿弗取，而後嫁之，禮也。」夫婿有三年之喪，免喪而弗取，則嫁之也。」

80 俞正燮《癸巳類稿・貞女說》。

81 阮葵生，《茶餘客話》，北京：中華書局，一九五九年版，頁一二四。

82 朱軾，《三父辨》，《朱文端公集・卷三》。

83 俞正燮《癸巳類稿・節婦說》。

84 袁枚《小倉山房詩集自嘲》卷一二，上海古籍出版社，二〇〇一年。

85 王萍《中國古代妻妾之制述略》三峽學刊四川三峽學院社會科學學報，一九九七年，第一三卷第四期，頁五五。

86 周清源，寄梅花鬼鬧西閣【A】。西湖二集【Z】。杭州：浙江文藝出版社，一九八五。頁二〇一。

87 《癸已類稿・妒非女人惡德論》「產生嫉妒的婦女，其夫必素佻達者！」

88 清龔煒・巢林筆談續編(卷下)【Z】・中華書局，一九九七。「使為之夫者，亦由敖由房，堅其偕老之思、同穴之誓，豈非閨門之福，妒何從生？惟是士也罔極，二三其德，或賦『口彗彼』，或歌『期我』，始之如膠如漆者，漸有洸有潰。於是以愛夫之心，激而懟夫，終亦不忍竟置其夫，因遷怒於所愛所私之人。……究其所以被此名者，特迫於情之不能自已耳。是夫負其婦，非婦負其夫也。而世不察，概目為獅子喉、胭脂虎。夫果如獅如虎，我亦不能為妒者貸，然所以釀此獅虎者，又不能為其夫寬。」

89 袁采《世範・婢妾常宜防閑》。

90 俞樾《右台仙館筆記》

91 《光緒重修天津府志・列女》四七卷，頁二。

92 《刑案匯覽三編》，頁二六八。

93 《刑案匯覽三編》，頁一四四八。

94 《刑案匯覽三編》，頁二五〇。

95 清代檔案刑科提本，婚姻姦情類《二全宗三二卷七號乾隆二年三月初六日》。

96 徐珂《清稗類鈔》，中華書局，一九八六年版，第七冊，頁三〇七〇。「節母巢氏，鄭龍田之祖母也，年二十，適若駒，二十三而寡。若駒有兒子二，立其長以為嗣，曰子嘉，生龍田。龍田年十六，喪父，節母年七十有七矣。方寡時，內外人利其產，諷之嫁，節母曰：『無兒，殉矣；有之，嫁乎？』居無何，若駒之兄死，內外人益欺淩之，乃與姒複合爨。已而姒之一子亡，節母慰之曰：『吾子，姒出也。有孫，先伯氏後。娣與姒皆未亡人，幸相依，為鄭持門戶，耐歲寒也。』越二年，姒亡，節母以身保遺孤，誓有死無二。」

97 《李漁全集・資政新書・十三卷》，頁四九四。

98 清代檔案刑科提本，婚姻姦情類《二全宗二九卷一號乾隆元年十二月十六日》。

99 《清稗類鈔》《貞烈類》，劉節婦割發守節。

100 《清稗類鈔》《貞烈類》，邢魯堂妾撫孤。

101 《清史稿・列女傳二》。

102 《清史稿・列女傳一》。

103 《列女驚魂傳》二十一回《獸畜臣弒母囚妻，犁牛子忠君逆父》。

104 施淑儀，《清代閨閣詩人征略》，上海書店，一九八七年影印本。頁二〇二。

105 吳敬梓。儒林外史【M】。北京：人民文學出版社，一九八五，一。

106 〔清〕劉廷獻《廣陽雜記》。

107 錢邦芑，鄒氏三節婦傳【A】。錢儀吉，碑傳集（卷一五九），清代碑傳全集本（上冊）【C】。上海：古籍出版社，一九八七年，頁七七三。

108 〔清〕藍鼎元《藍公案》。

109 《甘肅新通志》【M】。宣統元年刻本，卷八一。

110 《笑林廣記》，九二。
111 俞樾，《左台仙館筆記》，卷一。
112 《刑案滙覽三編一輯》，第一一四頁。
113 黃景瑭《潭渡孝裡黃氏族譜》。清雍正九年木刻本《卷八・節婦》。
114 趙起士。徽州府志【〇】。康熙三十八年刻本。《卷十六・列女》。
115 光緒（昆山）《琅琊王氏譜略》卷一〇《義莊條規》。
116 民國《洛川縣誌》卷二三。
117 光緒《定遠廳志》卷五。
118 《嘉慶合肥縣誌・列女》二六卷，頁一〇。
119 《右台仙館雜記》，卷一。
120 〔清〕俞樾.清代筆記小說叢刊【M】。右台仙館筆記，齊魯書社，一九八六年〇三月，第一版，頁五。
121 《重修福建臺灣府志》，范昌治，頁四五六。
122 《女小兒語》，呂近溪。
123 千家駒，《中國貨幣發展簡史和表解》【M】。人民出版社，一九八二，頁二七。
124 王躍生，《十八世紀中國婚姻家庭研究》【M】。法律出版社，二〇〇〇年四月，頁一五五。
125 原文為「柏舟之志無一異義，孔子取之重其節也。自□訓不行，婦人知道義者鮮矣。程子曰：餓死事極小，失節事最大。嗚呼！死亦大矣。而節猶大於死。區區愚婦寧識此哉？所以畏餓死者常多能死節者常少。悖理敗倫莫大於此。哀哉！」

126 《清嘉慶朝刑科提本社會史料輯刊》第一冊，二五，杜家驥，天津古籍出版社，二〇〇八年一月。

127 《清嘉慶朝刑科題本社會史料輯刊》第一輯，天津古籍出版社，頁一七九。

128 《大清律例刑案匯纂集成》卷四《戶律婚姻》。

129 陳鵬，《中國婚姻史稿》【M】，頁五六一。

130 《唐六典》卷三。

131 《清嘉慶朝刑科題本社會史料輯刊·第一冊》，天津古籍出版社，第五八頁。

132 《二十年目睹之變現狀》，第一〇五回《巧心計暗地運機謀 真膿包當場寫伏辯》。

133 俞樾，清代筆記小說叢刊右台仙館筆記，齊魯書社，一九八六年三月，第一版，頁一八。

134 《清代刑科提本婚姻姦情類·二全宗一八卷九號乾隆元年八月二十八日。

135 《清嘉慶朝刑科題本社會史料輯刊》第一輯，天津古籍出版社，頁一〇八—一〇九。

136 《去古人的庭院散步》，中華書局，二〇〇五年版。

137 錢泳，《履園叢話》，中華書局，一九七九年版，頁六三五。

138 轉引自《清代婦女的守節與再嫁》郭松義，浙江社會科學，二〇〇一年第一期。

139 光緒《吳川縣記》，卷二。

140 康熙《休寧縣誌》，卷一。

141 《大清律例》，天津古籍出版社一九九三年版，頁二二一—二二二。

142 乾隆《鎮安縣誌》卷六。

143 《大清律例匯輯便覽》卷一〇《戶律·婚姻》。

144 《清史稿·列女》。

145 《笑林廣記》一〇三。

146 《清代刑科提本·婚姻姦情類》江西撫郝碩，四六·九·一〇。

147 光緒《大清會典事例》卷七五六，刑部，戶律婚姻。

148 《清代刑科提本·婚姻姦情類》河南撫富勒渾，四六·七·二三。

149 四川大學歷史系、四川省檔案館編，《清代乾嘉道巴縣檔案選編》下冊，四川大學出版社，一九九六年版團轉引梁勇《妻可賣否？——以幾份賣妻文書為中心的考察》，三八。

150 河南撫畢沅，五一·二·一二。

151 「何以期也。傳曰。夫死妻稚子幼。子無大功之親。與之適。而所適者。亦無大功之親。所適者。以其貨財為之築宮廟。歲時使之祀焉。妻不敢與焉。若是則繼父之道也。同居則服齊衰期。異居則服齊衰三月。必嘗同居。然後為異居。未嘗同居，則不為異居。」

152 《刑案匯覽三編》，祝慶祺，一六二六。「周阿旺因林清發父故，伊母朱氏憑媒招贅該犯為夫，與林清發相依同居，一向和好。嗣該犯因林清發斥伊不應在其豬價內扣還舊賬，不依混罵，林清發拾取木耙將伊毆傷。該犯用刀砍傷其左額角殞命。」

153 宣統《白沙陳氏支譜》卷首上，《家訓》。
154 光緒《周氏三續族譜》卷二，《族規》。
155 《二十年目睹之怪現狀》第八八回，《勸墮節翁姑齊屈膝 諧好事媒妁得甜頭》。
156 《二十年目睹之怪現狀》第八九回，《舌劍唇槍難回節烈 忿深怨絕頓改堅貞》。
157 護理陝西撫圖薩布，五〇・三・九。
158 《刑案匯覽三編》（一），祝慶祺，頁二四九。
159 《刑案匯覽三編》（一），祝慶祺，頁二五〇。
160 《清史稿列傳二百九十五列女一》。
161 《刑案匯覽三編》一六五九頁。
162 議政大臣喀甯阿，四七・一一・一一。
163 陝西撫秦承恩，嘉慶元年，一一月一七日。
164 《大明會典》一五八七，一九；二〇。
165 《大明會典》一五八七，一九，二〇。
166 《大明會典》一五八七，一九，二一。
167 《中國的婦女與財產》，白凱，上海書店出版社，二〇〇七年，頁五四—五五。
168 李東陽等撰，申時行重修・大明會典：卷七十九【M】。揚州：江蘇廣陵古籍刻印書社，二〇〇七。
169 《光緒獲鹿縣誌・人物志》卷十二，頁六八。

170《廬州府志。列女完節二》四三卷，頁三。
171《康熙延慶志・卷六》，頁九。
172 石國柱，許承堯。歙縣誌：卷十一。
173《廬州府志》，卷三九。
174《趙起士・徽州府志》，卷十六。
175 馬步蟾，夏鑾・徽州府志【M】・刊本・合肥：安徽省圖書館藏，一八二七（道光七年）。
176《嘉慶東鹿縣誌・卷八・列女》，頁二七。
177《光緒壽州志・卷二十六・烈婦》，頁三三。
178《重纂福建通志卷二百六十二・彰化縣・節烈》，頁八八三—八八四。
179《金門志・卷十三》列女傳，頁三二八。
180《金門志・卷十三》列女傳，頁三二六。
181《金門志・卷十三》列女傳，頁三六〇。
182《大明會典・卷七十九》，揚州：江蘇廣陵古籍刻印書社，二〇〇七年。
183《欽定大清會典事例》，卷四〇三。
184《金門志・卷十三》列女傳，頁三六〇。
185《金門志・卷十三》列女傳，頁三一三。
186《金門志・卷十三》列女傳，頁三三六。

187 《金門志．卷十三》列女傳，頁三四四。
188 《金門志．卷十三》列女傳，頁三三五—三三六。
189 《金門志．卷十三》列女傳，頁三三七。
190 《金門志．卷十三》列女傳，頁三三七。
191 《金門志．卷十三》列女傳，頁三四四。
192 《金門志．卷十三》列女傳，頁三四二。
193 《南海黃氏族譜．十一卷．列女》，頁二六。
194 《祁門縣誌．卷五．風俗》周溶，修。汪韻珊，纂。「匹必名家，閨門最肅。女人能攻苦茹辛，凡冠帶履襪之屬，成手出。不幸夫亡，動以身殉，經者、刃者、鴆者、絕粒者，數數見焉。或稱未亡人，而代養，而撫孤，婺居數十年，終始完節。處子或未嫁而自殺，或不嫁以終身。雖古列女。何以過焉。彼再嫁者，必加之戮辱，出必不從正門，輿必毋令近宅。至穴牆乞路、跣足蒙頭，兒群且鼓掌，擲瓦石隨之。故貞烈之多，良以山水所鐘，亦習尚然也。」
195 《光緒壽州志．卷二七．列女志．節婦》，頁四。
196 《光緒壽州志．卷二七．列女志．節婦》，頁八。
197 《重纂福建通志．卷二百六十二．臺灣府臺灣縣．節烈》，頁八八〇。
198 《苗栗縣志．卷十四．列傳．列女．節孝》，頁二一一。
199 《金門志．卷十三》列女傳，頁三一八。

200 《康熙延慶志・卷六》，頁一一。
201 《金門志・卷十三》列女傳，頁三二八。
202 余華瑞《岩鎮志草・逸事・謝烈婦斷石吟》，抄乾隆本。
203 《金門志・卷十三》列女傳，頁三二七。
204 《金門志・卷十三》列女傳，頁三二七。
205 完顏惲珠《蘭閨寶錄》一八三一年，第四卷，頁四三—四四。
206 《清嘉慶朝刑科提本社會史料輯刊》第一冊，頁二二七，天津古籍出版社。
207 林豪．《光緒臺灣澎湖志》卷九，四。
208 雍正官修・大清會典【Z】。臺北：文海出版社，一九九四（卷六八）。
209 《清史稿》卷四九七《孝義列傳一》。
210 《禮記・內則第十二》「舅姑若使介婦，毋敢敵耦於冢婦，不敢並行，不敢並命，不敢並坐。凡婦，不命適私室，不敢退。婦將有事，大小必請于舅姑。子婦無私貨，無私畜，無私器，不敢私假，不敢私與。婦或賜之飲食、衣服、布帛、佩帨、（補字）蘭，則受而獻諸舅姑，舅姑受之則喜，如新受賜，若反賜之則辭，不得命，如更受賜，藏以待乏。婦若有私親兄弟將與之，則必復請其故，賜而後與之。適子庶子只事宗子宗婦，雖貴富，不敢以貴富入宗子之家，雖眾車徒舍於外，以寡約入。子弟猶歸器衣服裘衾車馬，則必獻其上，而後敢服用其次也；若非所獻，則不敢以入于宗子之門，不敢以貴富加於父兄宗族。」

211 《徽州千年契約文書·清民國編》卷八。

212 《農業史論集》，頁三一一。

213 田濤校，《大清律例》法律出版社，一九九九年，頁四四一。

214 〔鵬〕祝慶祺《刑案匯覽》，北京古籍出版社，二〇〇四年四月，頁二五一。

215 馬建石，《大清律例通考校注》，中國政法大學出版社，一九九二年一〇月，頁四四六。

216 轉引自章義和著《貞節史》第一五六頁，上海文藝出版，一九九九年版。

217 〔清〕崑岡等修，劉啟端等纂，欽定大清會典事例（據清光緒石印本影印）【G】。《續修四庫全書》編纂委員會，續修四庫全書·史部第八〇四冊【M】。卷四〇三，頁三九四，上海：上海古籍出版社，一九九五年。

218 〔清〕崑岡等修，劉啟端等纂，欽定大清會典事例（據清光緒石印本影印）【G】。《續修四庫全書》編纂委員會，續修四庫全書·史部第八〇四冊【M】。卷四〇三，頁三九五，上海：上海古籍出版社，一九九五年。

219 〔清〕崑岡等修，劉啟端等纂.欽定大清會典事例(據清光緒石印本影印)【G】，《續修四庫全書》編纂委員會.續修四庫全書．史部第八〇四冊【M】。卷一一五，頁四九，上海：上海古籍出版社，一九九五年。「凡請領節婦建坊銀，如係再醮之人，應行議處出結官者，令各該處即將知情濫給，與並不知情之處，於諮疏內據實聲明。如係再醮，不應請領之人，濫行出結請領者，將出結之人，照殉情給結例降二級調用。如實係不知再醮緣由，冒昧給結後經自行檢舉者，照不行查明給結例罰俸一年，不行詳查之該管官，照不行詳查遽為轉報例罰俸六月。」

220 李文治、江太新，《中國宗法宗族制和族田義莊》，社會科學文獻出版社，二〇〇〇年版，頁三四四—三四五。

221 光緒（昆山）《琅琊王氏譜略》，卷十。

222 乾隆（蘇州）《范氏家乘》，卷十五。

223 馬建石，《大清律例通考校注》，中國政法大學出版社，一九九二年一〇月，頁四四六。

224 《刑案匯覽三編》第一冊，頁二五四。

225 田濤校，《大清律例》，法律出版社，一九九九年，頁二〇三—二〇四。

226 田濤校，《大清律例》，法律出版社，一九九九年，頁二〇八。

227 《大清律例》，天津古籍出版社，一九九三年版，頁二二一—二二二。

Do歷史65 PC0603

貞節只是個傳說
——你不知道的明清寡婦故事

作　　者／劉　佳、周晶晶
責任編輯／徐佑驊
圖文排版／周政緯
封面設計／蔡瑋筠

發 行 人／宋政坤
出　　版／獨立作家
地址：114 台北市內湖區瑞光路76巷65號1樓
電話：+886-2-2796-3638　傳真：+886-2-2796-1377
服務信箱：service@showwe.com.tw
http://www.bodbooks.com.tw
印　　製／秀威資訊科技股份有限公司
http://www.showwe.com.tw
展售門市／國家書店【松江門市】
地址：104 台北市中山區松江路209號1樓
電話：+886-2-2518-0207　傳真：+886-2-2518-0778
網路訂購／http://www.govbooks.com.tw
法律顧問／毛國樑　律師
總 經 銷／時報文化出版企業股份有限公司
地址：333桃園縣龜山鄉萬壽路2段351號
電話：+886-2-2306-6842

出版日期／2016年10月　BOD一版　**定價**／360元

|獨立|作家|
Independent Author

寫自己的故事，唱自己的歌

貞節只是個傳說：你不知道的明清寡婦故事 / 劉佳, 周晶晶著. -- 一版. -- 臺北市：獨立作家, 2016.10

面；　公分. --(Do歷史；65)

BOD版

ISBN 978-986-93630-1-3(平裝)

1. 寡婦　2. 明代　3. 清代

544.592　　105016999

國家圖書館出版品預行編目

讀者回函卡

感謝您購買本書，為提升服務品質，請填妥以下資料，將讀者回函卡直接寄回或傳真本公司，收到您的寶貴意見後，我們會收藏記錄及檢討，謝謝！

如您需要了解本公司最新出版書目、購書優惠或企劃活動，歡迎您上網查詢或下載相關資料：http:// www.showwe.com.tw

您購買的書名：＿＿＿＿＿＿＿＿＿＿＿＿＿＿＿＿＿＿＿＿

出生日期：＿＿＿＿年＿＿＿＿月＿＿＿＿日

學歷：□高中（含）以下　□大專　□研究所（含）以上

職業：□製造業　□金融業　□資訊業　□軍警　□傳播業　□自由業

□服務業　□公務員　□教職　□學生　□家管　□其它＿＿＿

購書地點：□網路書店　□實體書店　□書展　□郵購　□贈閱　□其他

您從何得知本書的消息？

□網路書店　□實體書店　□網路搜尋　□電子報　□書訊　□雜誌

□傳播媒體　□親友推薦　□網站推薦　□部落格　□其他＿＿＿＿＿

您對本書的評價：（請填代號　1.非常滿意　2.滿意　3.尚可　4.再改進）

封面設計＿＿　版面編排＿＿　內容＿＿　文／譯筆＿＿　價格＿＿

讀完書後您覺得：

□很有收穫　□有收穫　□收穫不多　□沒收穫

對我們的建議：＿＿＿＿＿＿＿＿＿＿＿＿＿＿＿＿＿＿＿＿

＿＿＿＿＿＿＿＿＿＿＿＿＿＿＿＿＿＿＿＿＿＿＿＿＿＿

＿＿＿＿＿＿＿＿＿＿＿＿＿＿＿＿＿＿＿＿＿＿＿＿＿＿

＿＿＿＿＿＿＿＿＿＿＿＿＿＿＿＿＿＿＿＿＿＿＿＿＿＿

請貼
郵票

11466
台北市內湖區瑞光路 76 巷 65 號 1 樓
獨立作家讀者服務部 收

（請沿線對折寄回，謝謝！）

姓　　名：____________　年齡：______　性別：□女　□男

郵遞區號：□□□□□

地　　址：______________________________

聯絡電話：（日）____________（夜）____________

E-mail：______________________________